책 사랑꾼
그림책에서 무얼 보았나?

책 사랑꾼
그림책에서 무얼 보았나?

초판 1쇄 발행 _ 2019년 4월 20일
초판 2쇄 발행 _ 2019년 7월 5일

지은이 _ 김건숙

펴낸곳 _ 바이북스
펴낸이 _ 윤옥초
책임 편집 _ 김태윤
책임 디자인 _ 이민영

ISBN _ 979-11-5877-090-7 03810

등록 _ 2005. 7. 12 | 제 313-2005-000148호

서울시 영등포구 선유로49길 23 아이에스비즈타워2차 1005호
편집 02)333-0812 | 마케팅 02)333-9918 | 팩스 02)333-9960
이메일 postmaster@bybooks.co.kr
홈페이지 www.bybooks.co.kr

책값은 뒤표지에 있습니다.
책으로 아름다운 세상을 만듭니다. — 바이북스

책 사랑꾼
그림책에서 무얼 보았나?

김건숙 지음

들어가며

과연 몇 살까지 책 읽는 즐거움을 누릴 수 있을지가 최근 관심사다. 오죽하면 출국하려고 탄 공항버스 안에서 《백세까지의 독서술》이란 책을 주문했을까? 칠십대에 서재를 꾸몄다는 글을 대할 땐 불끈, 힘이 솟았다.

눈을 아끼기 위해 할 수 있는 데까지 힘을 쓴다. 눈 영양제 잘 챙겨 먹기, 염색 안 하고 버티기, 휴대폰에서 청색 필터 제한하기, 청색 필터 통과 못 하는 다초점 안경 사용하기 등이다.

후반 인생이 되었을 때 어떤 분야 책을 가까이 할 것인가도 내게는 중요한 관심사다. 오래전부터 그림책과 시를 꼽았다. 둘은 닮았다. 예술과 문학성이 깊은 장르라는 점이다. 삶의 철학을 은유적으로 깨닫게 해준다.

그림책은 그 자체가 '시'다. 상징과 함축성이 강하다. 시시콜콜 말하는 것이 아니라 간결한 문장과 그림으로 풍부한 내용을 전달한다. 진짜 시가 그림책이 되는 경우도 적지 않다. 함민복의 《흔들린다》, 장석주의 《대추 한 알》, 나태주의 《풀꽃》, 공광규의 《흰 눈》 등이 그러하다. 시와 그림이 씨줄과 날줄처럼 엮일 수 있는 것은 결이 닮았기 때문이다. 그러므로 내가 선택한 두 장르가 우연은 아니다.

그림책은 후반 인생 또는 노년에 읽기에 더 없이 좋은 장르이다. 풍부한 경험을 한 이에겐 짧은 문장 하나를 보아도 다채롭게 해석할 수 있는 시선이 있기 때문이다. 그림에서는 더 많은 이야기를 끌어낼 수 있다. 머리가 점점 노화되는 후반 인생에 읽으면 감성을 조금이라도 덜 잃으면서 자신을 더 깊이 들여다볼 수 있다고 생각한다.

《마음이 흐린 날엔 그림책을 펴세요》를 쓴 야나기다 구니오는, 그림책은 인생에 세 번 읽어야 한다고 말한다. '자신이 아이였을 때, 아이를 기를 때, 그리고 인생 후반이 되었을 때'를 이른다. 특히 인생 후반에 그림책과 친해지는 것은 내면적인 성숙과 연결된다면서 자기 자신을 위해 읽으라고 강조한다.

이 이야기가 많이 인용되었을 텐데도 굳이 여기에 싣는 이유는 후반 인생을 사는 이들에게 한 번 더 말해주고 싶기 때문이다. '내'가 아닌 '타인'을 위한 시간을 더 살았던 사람이라면 더더욱 그림책 가까이 하기를 권한다. 그림책 속에서 과거의 나를 발견하고, 스스로를 다독이며 현재의 나를 부추기어 삶의 완성을 위해 뚜벅뚜벅 걸어가기를 바란다.

무엇보다도 그림책에는 우리네 삶이 들어 있다. 그림책을 펴는 순간, 이웃이 있고, 시가 있으며, 영화가 있다. '나'도 있다. 따라서 이 책에는 그림책을 읽으면서 가장 강하게 연결되는 사람과 시, 또 다른 책들, 영화, 그리고 나에 대한 이야기가 담겨 있다. 우리가 함께 공감하고 감동 받을 이야기들이다. 그림책 매력에 빠져 있다 보니 일본에 있는 그림책미술관도 다녔다. 그 이야기도 실었다.

그림책은 이 세계에 있는 모든 존재를 이어준다. 따라서 그림책은 우주 속 모든 것을 잇는다. 이어진 우주는 그림책 속으로 들어간다. 그러므로 그림책을 읽으면 우주를 여행하는 것이다. 그만큼 보는 시선의 폭이 넓어지고 깊어진다. 우리 삶이 넓어지고 깊어진다는 말이다.

"문학이라는 세계는 처음 겉으로 나타난 것을 한 번 뒤집어보면 다르게 보이고, 다시 그것을 뒤집어보면 또 다르게 보이는 그런 세계가 아닐까 생각합니다. 표면만으로는 보이지 않는 것을 찾아가는 것이 문학인 것입니다."
　　　　　　- 다치바나 다카시, 《나는 이런 책을 읽어왔다》에서

위 문장에서 '문학'을 '그림책'으로 바꾸면 내가 말하고 싶은 그림책 예찬론 그대로이다. 고전도 읽을 때마다 새로워진다. 이런 관점에서 본다면 오늘 출간된 그림책도 고전이다. 세대를 뛰어넘으면서 삶을 변화시키는 아름다운 고전, 그것이 그림책이다.

나는 오늘도 그림책을 펴들고 우주 속을 여행한다. 종착지는 삶이다. 삶의 성찰이다.

차례

들어가며 _ 004

1 그림책 삶을 사는 사람들

우박에도 지지 않고 《아저씨 우산》 ____ 012
나만의 속도와 빛깔로 《윌리와 구름 한 조각》 ____ 022
날마다 편지 쓰는 할머니 《비에도 지지 않고》 ____ 030
마흔, 마음속 외침을 들을 때 《나, 화가가 되고 싶어!》 ____ 045
책으로 구두 닦는 여자 《행복한 청소부》 ____ 055
비바람에 뜯기고도 《아침에 창문을 열면》 ____ 063
동네 사람들의 '쉼터 문구점' 《누구라도 문구점》 ____ 075
바느질하는 여자들 《숲 속 재봉사》 ____ 085
사무치면 꽃이 핀다 《작가는 어떻게 책을 쓸까?》 ____ 092

2 책과 책을 잇는 그림책

기다린다는 것은 믿는 것이다 《엄마 마중》, 《토지4》 ____ 106
떠나고 나니 비로소 내가 보이네 《아무도 몰랐던 곰 이야기》, 《오십에 길을 나선 여자》 ____ 116
나무를 사랑하는 사람들 《커다란 나무 같은 사람》, 《랩걸》 ____ 122
늦은 나이란 아무것도 안 하는 때이다 《엠마》, 《쑥갓 꽃을 그렸어》 ____ 132
죽음이 내게 올 때 《나는 죽음이에요》, 《죽음과 죽어감》, 《할머니가 남긴 선물》 ____ 142

3 영화 속으로 걸어간 그림책

내가 만들 세상은 《미스 럼피우스》, 〈제네시스: 세상의 소금〉 ____ 158
100대 1 《100만 번 산 고양이》, 〈원더풀 라이프〉 ____ 169
사라진 로또 《세상에서 가장 맛있는 무화과》, 〈패터슨〉 ____ 179
책이 뭐길래! 《도서관》, 《꿈을 나르는 책 아주머니》, 〈시를 파는 소년〉 ____ 189
엄마를 만나는 법 《무릎딱지》, 《모친상실》, 〈와일드〉 ____ 205

4 미술관으로 간 그림책 작가들

환한 웃음이 번져 나오다 도쿄 치히로미술관 ____ 216
'창가의 토토'를 추억하다 나가노 아즈미노 치히로미술관 ____ 225
경쟁하지 않는 그림책들 작은 그림책미술관 ____ 239
새로움을 향해 나아가다 이루후동화관 ____ 247

나오며 _ 254
도움받은 책 _ 256

1

그림책 삶을
사는 사람들

우박에도 지지 않고

나리타행 비행기를 타기 위해 인천 공항에 있었다. 도쿄에 있는 친구가 동영상을 보내왔다. 엄청난 기세로 떨어지는 우박을 찍은 것이었다. 곧이어 남편도 사무실 테라스에서 찍은 동영상을 보내왔다. 역시 우박이었다. 남편과 직원들이 놀라워하는 목소리도 담겨 있었다. 실시간 동영상이었고, 이날이 7월 18일이었으니 누군들 안 놀랄까.

도쿄로 가서 뉴스를 보는데, 그날 떨어진 우박이 골프공만 했다. 도쿄 사람들은 세상에 태어나 이 광경을 처음 보지 않았을까? 얼마 전 우리나라 서울 한복판에도 천둥 번개와 함께 우박이 떨어져 사람들을 놀라게 했다. 그래도 5월이었다. 7월 중순에 우박이 떨어지다니 말이 되는가.

그로부터 며칠 지난 아침에 일어나 앉아 뜰을 보고 있었다. 도쿄에 있는 남편 거처에는 손바닥만 한 뜰이 있다. 식물을 좋아하는 남편이 꽃이나 채소들을 심으며 소소한 즐거움을 얻는 곳이다. 가지나 딸기, 방울토마토, 대파 같은 채소들도 모두 관상용으로 키운다.

갑작스레 쏟아진 우박으로 수국 잎들은 찢어지고, 작약은 목이 꺾이고 말았다. 덩굴로 올라가던 이름 모를 식물도 시들어 버렸다. 그런데 유난히 청청하게 남아 있는 것이 있었으니 오이 덩굴이었다. 덩굴을 눈으로 따라가 보니 오이가 달려 있었다.

'그랬구나, 오이가 있어서 덩굴이 우박에도 죽지 않고 저리 버티고 있었구나!'

그 모습을 한참 바라보고 있노라니 오이 덩굴이 남편으로 보였다. 오이는 나와 딸들 같았다. 남편이 도쿄에서 홀로 외로움을 견디며 지

전날 우박을 맞고도 멀쩡한
오이와 덩굴

내고 있는 것도 그 오이 덩굴처럼 자신이 책임져야 할 가족이 있기 때문이란 생각에 이르자 남편이 애틋하게 느껴졌다.

일본 무역 회사가 첫 직장이었던 남편이 그보다 좋은 조건으로 독일 회사 지사로 옮기고 나서 곧바로 외환 위기가 닥쳤다. 구조조정이 시작되자 남편은 스스로 알아서 그만두어야 했다. 자신을 스카우트해 간 사람과 같은 부서였으니 남편이 떠나야 하는 것은 불 보듯 뻔한 일이었다.

마침 중국 시장이 열리고 있던 때여서 많은 한국인들이 앞다투어 진출했다. 하루아침에 직장 잃은 남편은 아무 경험도 없이 중국에서 사업을 시작했다. 처음에는 누구나 무지개 꿈을 꾼다. 답사 다녀왔을 때만 해도 남편은 자루에 돈을 마구 쓸어 담아올 것처럼 말했다. 허나 그 반대였다. 한국에 있는 돈을 들어붓다시피 할 뿐 돌아오는 것은 없었다.

바닥은 빨리 났다. 삼십대 후반에 빚은 빚대로 지고 결국 정리는 하나도 못한 채 그대로 두고 돌아왔다. 그 뒤로 한 중소기업의 CEO로도 있었고, 현대 계열사에도 다녔다. 마지막으로 있었던 곳은 외국계 보험사였다. 평소 말수도 적은 데다 말주변도 별로 없는 남편이 계약을 따내는 데에는 한계가 있었다.

따져 보니 8년 정도 돈을 안 가져왔다. 생활비는 내가 책임지고, 보험료와 아파트 대출금은 남편이 책임지고 있었다. 내가 버는 것으로도 생활비 충당이 안 될 때는 대출을 받기도 하고, 마이너스 통장을 만들어 어찌어찌 생활을 이어갔다. 지나고 보면 외줄타기처럼 아슬아슬한 시기였지만 당시엔 잘 몰랐다. 정 안 되면 아파트 팔고 시골로 이사 가면 될 것이란 생각을 하고 있었다. 세상 무서운 줄 몰라도 너무 모르는 것이 오히려 약이었을 것이다.

더 이상 물러날 곳이 없을 때 남편에게 기회가 왔다. 남편은 고등학교 동창회 총무를 맡고 있었다. 사업을 하는 한 친구가 한 해 동안 남편을 눈여겨보았던가 보다. 그 친구는 모르는 동창이었는데 성실하기로는 두 번째 가라면 서러울 남편을 알아본 것이다. 친구는 자기 회사의 일본 지사장으로 가 있으면 어떻겠느냐는 제안을 해왔다. 남편은 지사장이 아닌 자신의 법인을 설립하는 조건으로 도쿄로 넘어갔다. 그때부터 가족과 떨어진 삶이 시작되었다.

빈손으로 갔는데 인덕이 있었는지 안면이 있는 일본인들이 돈을 빌려주기도 하고, 자신들 이름으로 은행 대출이며 사무실 임대와 집기까지 마련해주어서 시작할 수 있었다. 혼자서 시작한 사업이었는데 지금은 직원도 여럿이고, 사무실도 넓어졌다. 매출도 제법 안정 궤도에 올라와 있다.

"어머, 우산을 다 쓰셨네요, 비가 오는데."

《아저씨 우산》을 읽어 보지 않은 사람이라면 문장이 잘못된 건 아닌가 하고 갸우뚱할 수도 있을 것이다. 비가 오면 우산 쓰는 게 당연한데 오히려 놀라고 있으니 말이다.

영국 신사처럼 늘 신사복을 단정하게 차려 입는 아저씨에게는 멋진 우산이 있다. 아저씨는 외출할 때면 반짝반짝 빛나는 지팡이와도 같은 우산을 들고 나섰다. 남자들에게는 자동차나 시계, 지갑, 벨트 등이 중요한 패션이라고 하는데 아저씨에게는 우산이 최고의 패션이요, 단짝 친구이다.

둥그런 나무 손잡이에 늘씬하게 빠진 검은색 우산을 얼마나 아끼는지 비가 부슬부슬 내릴 때는 그냥 젖은 채 걸었다. 우산이 젖기 때문이다. 빗발이 더 굵어지면 처마 밑에서 그치기를 기다렸다. 길을 서두를 때는 꼭 껴안고 갔으니 누가 보면 얼마나 우스울까. 시간이 흘러도 비가 그치지 않으면 다른 사람에게 우산을 씌워 달라고 부탁까지 한다. 비가 좍좍 내리는 날에는 아예 집 안에 있다. 그림책에는 계속 "우산이 젖기 때문이에요."라는 말이 반복된다.

비가 오는 날에 우산이 젖을까 봐 품에 꼭 껴안고 다니는 아저씨에게 '우산'은 무엇일까? 우스꽝스럽기까지 한 그 행동이 과연 그림책 속 아저씨만의 일일까? 나는 남편이 전부터 가슴속에 깊이 품고 있는 꿈 하나가 바로 '아저씨의 우산'이라는 생각이 들었다.

내 꿈은 거지되어 여행하는 거야!

나는 세찬 우박에도 쓰러지지 않고 꼿꼿하게 잎을 세우고 오이를 지켜내고 있는 그 덩굴을 보았을 때 남편이 떠올랐다. 그다음엔 《아저씨 우산》이, 마지막으로는 안도현의 시 〈모과나무〉가 떠올랐다. 시에서 화자는 처마 밑에서 비가 긋기를 기다리다가 온몸이 다 젖도록 그대로 서서 비를 맞는 모과나무를 본다. 그는 왜 바보처럼 비를 피하지 않느냐고 모과나무에게 묻고 싶다. 나도 남편에게 해주고 싶은 말이 있다.

남편은 생일이나 기념일에 무슨 선물을 받고 싶은지 물으면 필요한 것이 없다 한다. 《아저씨 우산》의 아저씨처럼 남자들이 좋아하는 값비싼 시계나 반지, 지갑 같은 것에도 관심이 없다. 사업상 업체 사람들과 골프 치러 갈 때도 골프복이나 골프 기구에 별 관심이 없다. 좀처럼 자신의 욕구에 대해서 표현하지 않는 사람인데 "내 꿈은 거지가 되어 외진 곳을 여행 다니는 거야."라고 가끔 말한다.

나는 그 말이 무슨 뜻인지 안다. 예전에 다큐멘터리 프로그램을 같이 본 적이 있다. 동남아에 있다가 귀국한 어떤 남성이 노숙 생활을 하다가 중국으로 떠나는 배를 탔다. 그는 서울역 노숙자였지만 외모는 단정히 했다. 다른 노숙자와는 다르게 아침이면 공중화장실에 가서 씻고 옷도 깔끔하게 입었다. 낮에는 흙을 구워 만든 피리를 팔아서 콩과자를 샀다.

중국으로 떠나는 배 안에서 콩과자를 꺼내 한 끼 먹을 양으로 나누는데, 그것이 18개였다. 중국으로 도착한 그는 어느 외진 마을에서 방을 얻어 생활하기 시작했다. 이발을 해주었던가 하면서 돈을 벌었다.

그 남자가 배를 타고 떠날 때 남편은 몹시 부러워했다. 중국 외진 마을에 거처를 마련해 생활하는 모습도 부러워했다. 콩과자를 나누는 모습조차 남편에게는 부러움의 대상이었다. 그러니까 남편이 '거지되어 여행가는 것'이라고 말한 것은 그 남자의 여정이 부러워서 그러한 것인데, 속마음은 아무것에도 매이지 않고 자유롭게 돌아다니고 싶은 것일 게다. 당장이라도 그리하고 싶겠지만 지금은 책임져야 할 가족이 있기에 '소망'으로 남아 있는 것이다.

우연히 〈나는 자연인이다〉라는 프로그램을 보고 남편에게 그 프로그램을 보라고 알려줬다. 지금은 남편도 나도 시들해져 안 보는데, 남편은 어디를 다니다가 굴을 발견하면 전에 없는 화사한 웃음을 지으며, 프로그램 속 '자연인'처럼 사진 찍어 달라 한다. 평소 남편은 사진 찍는 걸 안 좋아한다. 그런 사람이 나서서 브이자까지 해 보이면서 찍어 달라 한다. 굴속 자연인으로 살고 싶어 하는 것은 거지 여행자와 닮았다.

시월에 다시 갔을 때 오이 덩굴은, 오이가 커질 대로 커지고 누렇게 되어 속이 문드러지고 떨어질 때까지도 자신의 잎사귀들을 지켰다. 오이에게 먹일 수분과 영양분을 옮겨야 했기 때문일 것이다.

8월(좌)과 10월(우)의 오이 모습

나는 남편에게, 혼자 지내니 주말이나 공휴일에 거지 여행을 하면 되지 않느냐고 했다. 그러나 지금까지 남편은 그런 류의 여행을 한 번도 떠나지 않았다. 가끔 남편은 "일본에 오지 않았으면 우리 굶어 죽었을지도 몰라!"라는 말을 농담처럼 한다. 공휴일에 혼자 있다 해도 일을 그만두지 않는 한 남편 어깨엔 오이 같은 가족이 매달려 있으므로 거지가 될 수는 없는 것이다. '거지'란 꼭 그 처지를 가리키는 것이 아니라 그 노숙자처럼 자신 말고는 책임질 사람이 전혀 없는 상태를 의미할 것이기 때문이다.

그림책 속 아저씨는 이제 비에 젖은 우산을 여유롭게 바라본다. 그리고 아이 둘이 우산을 함께 쓰고 '또롱또롱 또로옹 참방 참방 참─방' 하며 노는 것을 보고 용기 내어 우산을 펴보기로 한다.

아저씨가 마침내

우산을 펼쳤습니다.

크고 멋들어진 우산이 거짓말처럼 활짝 펴졌다. 두 페이지에 걸쳐 우산이 크게 그려져 있는 모습이라니, 속이 다 시원하다. 이때 아저씨 마음도 활짝 펴졌을 것이다. 이 그림책에서 가장 빛나는 장면이다.

아저씨는 우산을 한 번 적셔보고서야 아무것도 아니라는 것을 안다. 젖은 우산을 우산꽂이에 둔 채, 거실에서 차를 마시고 담배를 피우다가 이따금 우산을 보러 가기만 한다.

> 나는 처마 밑에서 비가 긋기를 기다리다가
> 가지 끝으로 여리게 어린 모과 몇 개를
> 움켜쥐고 있는 것을 보았다
> 그것이 아니었다면 모과나무도
> 처마 밑으로 걸어 들어왔을 것이다
>
> — 안도현, 〈모과나무〉에서

남편도 훗날 일에서 물러나 정말로 아무 걱정 없는 날이 오면 훌쩍 떠날 수 있을까? 하지만 그러기 전에 우산을 활짝 편 아저씨처럼 용기 내어 '작은 거지 여행'을 떠나보는 것은 어떨까? 나와 우리 아이들도 이제 어린 모과가 아니니 안심하고 처마 밑으로 걸어 들어와도 되니까 말이다. 남편에게 이 말을 해주고 싶다.

"여보, 지금 한번 떠나봐요, 시간은 냉정해서 오래 기다려주지 않으니까!"

《아저씨 우산》
사노 요코 글·그림, 김난주 옮김, 비룡소

나만의 속도와 빛깔로

이 모든 게 시작된 건 어느 따뜻하고 밝은 날
윌리가 공원에 가기로 했을 때였어요.
윌리가 집을 나설 때엔 구름 한 점 없었지요.
아 참, 아주 작은 조각 하나만 빼고.

사람 마음이 간사하다. 책 한 권만 내면 소원이 없겠다 싶었는데, 그게 아니었다. 그것도 출간된 지 서너 달밖에 안 되었는데 알 수 없는 불안감이 슬슬 찾아오고 있었다.

이유는 SNS였다. 나보다 세 달, 아니 한 달 정도 빨리 책을 낸 사람들이 다음 책을 준비하는 분위기가 페이스북에서 느껴졌다. '그럼 나도 다음 책 준비를 해야 하나?'라는 생각이 드는 건 어쩔 수 없었다.

누군가의 고민을 그림책으로 처방해주는 이야기가 담긴, 최혜진의 《그림책에 마음을 묻다》에도 이와 비슷한 내용이 있었다. 작은 그림책 서점에서 일하는 한 아르바이트생이 SNS에서 박탈감을 느낀다고 호소하는 내용이다.

그 아르바이트생은 서점에서 많은 시간을 혼자 보내는 터라 적잖이 외로웠다. 게다가 대학 동기들 거의가 미국이나 캐나다, 영국 등에 교환학생으로 가 있어서 자신의 처지가 초라하게도 느껴졌다. SNS에 올라오는 친구들 일상은 설렘으로 가득해 보이고, 매일이 새롭고 즐거워 보였다. 그러다 보니 자신만 뒤처지는 것 같아 외로움을 넘어 스스로에게 실망까지 하게 되었다는 것이다.

최혜진의 처방은 이렇게 시작된다.

"SNS는 긍정성으로 가득 차 있습니다. 멋진 휴양지 풍경, 심미안을 자극하는 화려한 음식, 일이나 학업에서 크고 작은 성공 등 전시 가치가 있다고 판단되는 삶의 순간만을 공유하기 때문입니다. (중략) 삶은 빛과 어둠, 긍정성과 부정성을 모두 품고 있는데 어둠은 슬그머니 도려내고 빛나는 순간만 편집해 SNS에 올려놓으니 당연히 보는 사람은 '내 삶은 저렇게 빛나지 않은데' 하며 박탈감을 느낄 수 있습니다."

그러면서 SNS는 '본다'는 행위로 유지되는 공간이며, 누군가의 점심, 교재, 화장대, 가방 속 등 만약 보지 않았다면 느끼지 않았을 부러움, 선망, 질투 등의 감정을 '보았기' 때문에 느끼게 되는 것이라 했다. 그리고 과거에는 일반 사람들에게 전시할 매체가 없었기 때문에 이런 현상이 존재하지 않았다고 덧붙였다.

불안이나 두려움은 그 존재 자체가 명확하게 파악되지 않을 때 더욱 커진다. 나 또한 다른 사람들이 두 번째 책을 준비한다는 그 단면만을 보고 조바심이 나면서 불안했던 것이다. 시간이 어느 정도 흐르고 난 뒤에야 책을 낸다는 열망에 휩싸여 급하게 낼 것이 아니라는 판단이 들었다.

책이 막 출간되었을 때는 온라인 사이트에 수시로 들어가 판매가 얼마나 되었는지 확인했다. 많이 팔려서 판매지수가 올라가 있으면 좋아했다. 하지만 '반짝'하는 책이 아니라 오랜 생명력을 지닌 책을 내는 것이 중요하다는 결론을 내렸다. 다음에는 좀 더 공들여서 읽는 이의 마음에 긴 여운과 삶의 변화까지 줄 수 있는 책을 내자고 스스로를 다짐시켰다. 그러고 나니 마음이 가벼워졌다. 이때가 책을 내고 5개월 정도가 된 연말이었다.

새해 첫날에 쓴 다음 글을 보면 그런 불안감이 어느 정도 사라져 있다.

요즈음 책을 읽다가 나도 모르게 눈길이 멈춰지는 낱말이 있습니다. 바로 '고요'입니다. 마음속 어딘가에 고요해지고 싶다는 생각이 들어 있는 것 같습니다. 그래서 새해에는 '고요'의 시간을 많

이 가져야겠습니다. (중략)

이 세상에는 나보다 똑똑하고, 나보다 성실하고, 나보다 빠른 사람이 많은데 그 사람보다 조금 늦게 가면 뒤떨어지는 것 같아 불안해집니다. 나와 같은 일을 하는 사람이 결과물을 빨리 내기라도 하면 심장 박동이 빨라집니다.

나를 부채질하는 것이 꼭 바깥에서만 오는 것은 아니더군요. 내게 맞지 않는 시간표를 만들어 놓고 스스로를 불안으로 몰아가기도 합니다.

이후 빗장을 잘 잠가놓은 줄 알았다. 그런데 아니었다. SNS에서 또 누군가의 출간 소식을 마주하면 흔들렸다. 빨리 책을 써야 하는 것 아닌가 하는 마음과 좀 더 깊어진 다음에 써도 괜찮다는 마음이 마주 서곤 했다.

《월리와 구름 한 조각》에 나오는 월리는 언뜻 본 구름 한 조각에 온 신경이 몰려 있다. 자신만 따라오는 것 같다. 사라졌나 하면 또 떠 있다. 월리 얼굴에는 수심이 가득하다.

공원으로 간 월리는 오들오들 떨며 꼼짝 못하고 앉아 있다. 그곳에 모여 있는 사람들 모두가 엄청나게 재미난 것 같은데 혼자만 두렵다. 꼭 SNS가 아니어도 내 마음이 흔들리고 불안할 때면 나만 그런 것 같고, 남들은 모두 행복에 겨워하는 것 같다. 이러한 것들이 과해져서 자신의 감정을 다스리지 못하는 경우 범죄까지 저지르게 된다. 대낮에 흉기를 휘둘러 불특정 다수를 해하는 '묻지마 폭행' 같은 경우다.

잠시 구름이 사라졌다고 생각했지만 어느새 또 나타나 윌리를 괴롭힌다. 결국 윌리는 전화기를 들고 경찰에게 도움을 청한다. 하지만 그것이 사람이나 동물이 아닌 구름 조각이라는 말에 경찰은 낄낄대며 전화를 끊는다.

이제 윌리는 비참한 기분이 들어 숨이 막힐 정도이다. 얼굴이 금방이라도 터질 것처럼 화가 난다. 더 이상 참을 수 없게 되자 윌리는 하늘을 향해 두 주먹을 불끈 쥐고 저리 가라고 소리친다. 그러자 웬일? 모든 게 조용해졌다. 한바탕 비가 오고, 해도 나왔다. 공원에 다시 간 윌리는 다른 사람들과 함께 춤을 추며 논다.

새해에 '고요'하게 있겠다던 생각과는 달리 나의 생활 습관은 크게 변하지 않았다. 바깥 활동이 오히려 더 많아졌다. 내 속도로 가겠다던 새해의 생각은 가끔씩 흔들렸다. 다른 사람들이 책을 냈다는 소식을 듣거나 출간 전 연재를 하고 있는 것을 보면 정말로 시작해야 되는 건 아닌지 다시 조바심 났다.

속도가 나를 따라오도록

"변화의 속도가 압도적이다."

날마다 이벤트를 벌이며 술도 판매하는 도쿄 B&B 서점의 공동 대표이자 북코디네이터로 유명한 우치누마 신타로와 책을 함께 쓴 아야메 요시노부 편집자가 우리나라를 두 번 방문하고 느낀 소감이다. 그들은 우리나라의 속도에 놀랐다. 책방이 여기저기 생기는 것에서부터 3개월 만에 책이 출간되는 것까지, 모두 일본에서는 생각하기 힘든 일이라고 한다. 많은 준비를 한 상태에서 신중하게 일을 시작하는 그들이 보기에 당연히 눈이 돌아갈 일일 것이다. 우리가 보기에도 놀랍다. 과거 압축성장을 해오던 때부터 우리는 늘 숨 가쁘게 달려왔지만, 자고 나면 어디에 책방이 생겼다 하고 날마다 많은 책들이 쏟아져 나온다. 한때 노래방이, 부동산이, 치킨집이, 카페가 생겨나던 속도로 말이다.

우치누마 신타로는 책방이나 북코디네이터의 일을 소개한 《책의 역습》이 우리나라에 번역 출간되었을 때 한국에 와서 강연을 했다. 그때 서울에서 역동적인 에너지를 느꼈다 한다. 한 달 후 그는 아야메 요시노부 편집자와 함께 한국에 와서 책이 있는 공간들을 취재했다. 그 취재를 바탕으로 쓴 책이 《책의 미래를 찾는 여행, 서울》이다. 이 책은 취재한 뒤 1년 8개월이 지나서야 나왔다. 그런데 그 사이 우리나라의 한 출판사는 13권을 출간했다고 한다. 13권과 1권, 정말 엄청난 차이다. 그들도 몹시 놀라웠다고 한다.

속도전이라면 전 세계인이 인정할 정도의 환경에 노출되어 있으니 내가 불안하지 않다면 오히려 이상할 일이다. 그럴 때마다 올라오는 불안을 누르기 위해 나를 돌아보았다. '고요'로 이끄는 그림책이나 문장을 찾아 읽기도 했다. 그러면서 '책 읽는 것을 좋아하니 늦어지는 것은 어쩔 수 없다. 그리고 책을 읽으면 더 깊어질 것이므로 좋은 글 나오지 않겠냐?' 하며 스스로를 다독였다. 이렇게 유리한 쪽으로 최면을 걸면서 반복하다 보면 고요가 찾아들었다. 불안감도 함께 사라졌다.

그러는 사이 두 번째 책을 쓰고 있는 나를 볼 수 있었다. 차고 넘쳐 다른 그릇이 필요할 때가 되면 억지로 애쓰지 않아도 그 시간은 자연스레 오는 것임을 스스로가 말해주고 있었다. 온몸에 긴장이 풀려 자연스레 팔 다리가 움직여 춤추는 윌리처럼 세상일이라는 것은 강물처럼 흐르게 놔두어야 하는데, 자꾸만 욕심이 이를 거스른다.

> 모든 것에는 다 때가 있다
> 하늘 아래서 일어나는 모든 일에는
> 다 정해진 때가 있다
>
> — 구약성서 〈전도서〉에서

세상사 다 때가 있게 마련이다. 그 '때'라는 것은 말할 필요도 없이 자연스러울 때가 가장 좋다. 때가 되지 않았을 때엔 기다릴 줄도 알아야 한다. 나도 모르게 속에서부터 우러나와야 부담도 없고 일도 잘되어간다. 가랑비에 옷 젖듯 평소 조금씩 조금씩 하다 보면 어느

새 채워지고 발효되어 농익게 마련이니, 지금 할 일은 때를 준비하는 것이리라.

이에 적절한 이야기를 들었다. 우리나라 국가대표 스케이팅 선수들을 담당한 밥 데용 코치가 선수들에게 했다는 말이다.

"속도를 내려고 애쓰지 말고 속도가 나를 따라오도록 하라."

《윌리와 구름 한 조각》
앤서니 브라운 글·그림, 조은수 옮김, 웅진주니어

날마다 편지 쓰는 할머니

이날은 어쩐 일인지 일찍 눈이 뜨였다. 주말 8시쯤이었을 것이다. 감기려는 눈꺼풀을 애써 올리며 TV 채널을 돌리는데 딱 멈추게 한 장면이 있었다. 편지 쓰는 할머니 이야기였다. 날마다 10여 통 편지를 쓴다니, 어느 누구든 호기심이 생길 일이었다. 그것도 90세가 넘은 할머니가 떨리는 손으로 한 자 한 자 정성을 들여 누군가에게 편지를 쓰고 있었다. 요즘 같은 세상에 상상하기 어려운 일이었다.

잠시 후 나는 둔탁한 무언가로 머리를 세게 맞은 기분에 잠겼다. 할머니가 세월호 침몰 사고 뉴스를 보고 나서 편지를 쓰고 있었다. 편지는 세월호 마지막 생존자인 박준혁 군에게 전해졌다. 박준혁 군은 다 읽고서도 바로 접지 못하고 편지를 한참 응시하더니 가볍게 생각할 내용이 아니라고 했다. 며칠 후 박준혁 군은 케이크를 들고 할머니를 방문해 이야기를 나누었다.

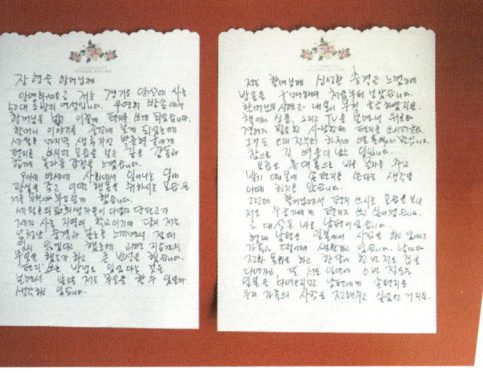

위_ 장형숙 할머니가 보내주신 편지
아래_ 장형숙 할머니께 보낸 편지

이날 본 장면은 프로그램의 뒷부분이었는데 너무 강렬해서 기사를 검색해보았다. 대강 이야기는 알았지만 처음부터 전체를 보고 싶어서 케이블 방송 상품으로 사서 보았다.

장형숙 할머니는 10여 년 전부터 편지를 썼다. 주로 책이나 신문을 보다가 편지 쓸 대상을 찾았다. 편지지도 남다르다. 책이나 기사에서 복사한 것 가운데 상대에게 필요하다 생각되는 내용의 뒷면에 쓴다. 보통 분이 아니겠다 생각했는데 경성사범학교를 나온 분이었다.

교사가 꿈이었지만 그것을 펼칠 수 없는 시대였다. 대신 글을 배울 수 없었던 사람들을 가르치기도 했다. 6·25 전쟁 통에는 가족을 잃는 아픔을 겪었다.

할머니는 처음에는 타지에 나가 있는 자녀들에게 안부 편지를 썼다. 그러다가 다른 이들에게 감사의 편지를 쓰기 시작했다. 그것을 넘어 위로나 용기를 주어야 할 사람들에게도 썼다.

김제동의 책 《그럴 때 있으시죠?》의 표지 뒷면에 이해인 수녀님이 쓴 추천사를 보고 수녀님에게도 썼다. 이해인 수녀님은 독자들로부터 많은 편지를 받았지만 장형숙 할머니 편지가 가장 기억에 남는다고 했다.

장형숙 할머니는 충청도 한 시골 마을 할머니가 한글을 배워서 쓴 시를 읽고 그 할머니에게도 편지를 썼다. 대상이 특별히 정해져 있지 않고, 책이나 기사에서 마음이 가는 사람들에게 썼다. 그것을 보자니 미야자와 겐지의 《비에도 지지 않고》와 겹쳤다. 동명의 시 〈비에도 지지 않고〉를 바탕으로 한 그림책이다.

동쪽에 아픈 아이 있으면
가서 돌보아 주고
서쪽에 지친 어머니 있으면
가서 볏단 지어 날라 주고
남쪽에 죽어가는 사람 있으면

가서 두려워하지 말라 말하고

하루에 10여 통을 쓰니 대강 계산 해봐도 3만여 통이다. 지금까지 할머니가 3만여 명에게 힘과 용기를 전했다는 말이다. 할머니는 《비에도 지지 않고》의 주인공과 비슷한 삶을 살고 있었다. 우리나라 어느 곳이든 필요하다 여겨지는 사람이 있으면 썼으니 활동 영역이 전 국구이다.

《비에도 지지 않고》를 쓴 미야자와 겐지의 고향 이와테현은 냉해와 가뭄이 심한 곳이었다. 그는 자연 관찰이나 광물에 관심이 많았는데 척박한 자연 조건을 극복하기 위해 농업학교에서 공부했다. 그러면서 그 시대에 고통 받으며 살아가는 사람들과 그 고통을 함께 나누고 도우며 살아가고자 했다. 농업학교에서 '교사'를 했다는 점도 장형숙 할머니와 비슷했다.

이 시에 나오는 것처럼 그는 마을 변두리 소나무 숲 그늘에 작은 집을 짓고 살았다. 그리고 하루에 현미 네 홉과 된장과 채소를 조금 먹고 살면서 모든 일에 잇속을 따지지 않겠다고 말한다. 가뭄 들면 눈물 흘리고 냉해 든 여름이면 허둥대며 걷는다니 자연에 순응하겠다는 말이다. 그러나 자신이 도울 일이 있으면 동서남북 가리지 않고 팔 걷어부치고 나선다. 그러면서도 칭찬도, 미움도 받지 않는 멍청한 사람이 되고 싶단다. 장형숙 할머니 또한 누군가에게 칭찬을 받거나 관심을 받고 싶어서 그러는 것이 아니다. 자기만족일 뿐이다.

무엇보다도 장형숙 할머니가 처음에 어떻게 감사나 위로의 편지를 쓸 생각을 했는지 그 점이 놀랍고도 존경스러웠다. 박준혁 군에게 편지를 쓴 것이 가장 놀라운 일이었다. 세월호 사고는 온 국민을 슬픔에 빠트린 일이지만 내게는 더 각별했다. 사고가 났을 당시 둘째 딸이 고등학생이었고, 단원고가 내 사는 지역에 있기 때문이었다.

사고 나기 전까지는 단원고가 그리 가까이 있는 줄 몰랐다. 사고 이후 학교에도 몇 번 가서 교실도 들여다보고, 안산 지역에서 열리는 집회나 행사에 참여했다. 그러면서 '잊지 않겠다'고 다짐했건만 그 뒤로 특별히 한 일이 없었다. 그러다가 이런 방송을 봤으니 놀라지 않을 수 없었다. 누군가를 위해 하는 일이 꼭 거창하지 않아도 된다는 것을 장형숙 할머니가 보여줬기 때문이다. 할머니는 말로만 잊지 않겠다 해놓고 아무 행동을 하지 않은 나를 부끄럽게도 했다.

이 일이 준 파동은 길고도 깊었다. 나는 무슨 일을 할 수 있을지 생각했다. 답은 쉽게 떠오르지 않았다. 그래서 며칠 동안 산책길에 나서 그 문제를 생각했다. 어떤 일이든지 막연할 것 같지만 시간을 두고 깊이 생각하면 답은 온다. 이때 얻은 답이 '책'이었다. 내가 살아오면서 가장 많은 지혜를 얻은 것이 책이었으므로 생존자들에게 책 선물을 하고 싶었다.

안산에서 활동가로 일하고 있는 대학원 선배가 단원고 앞에 만들어진 생존자 쉼터에서 일한다고 했던 것이 퍼뜩 떠올랐다. 많은 양은 할 수 없고 50만 원 정도의 책을 사서 기증할 생각으로 쉼터를 방문했다.

쉼터는 오래된 건물에 있었다. 아이들이 오가며 쉬었다 가기도 하고 여가 활동이나 공부도 하는 공간이라 했다. 활동가들은 그들이 오면 밥해서 먹이기도 하고 프로그램도 진행하면서 편히 쉬어갈 수 있게 한다고 했다. 박준혁 군도 다른 지역으로 이사 갔지만 가끔 들른다고 했다. 활동가들이 애를 많이 쓰고는 있지만 공공 기관이나 업체의 후원을 받는 것이 아니고, 소외 계층을 위한 예술문화 단체가 운영하는 곳이라 넉넉지 않은 환경이었다.

그런데 그곳에는 책이 한 권도 없었다. 내가 할 수 있는 일이 있어 다행이었지만 다른 한편으론 서글픈 생각이 들었다. 그런 공간이라면 당연히 몇 권이라도 비치되어 있을 줄 알았다.

나는 동네 책방 세 군데에다 책을 주문했다. 책방 대표님들에게는 생존자들에게 위로와 힘을 줄 수 있는 책으로 선별해달라고 했다. 청년들 세대가 좋아할 인문학서, 여행서, 그림책으로 했다. 10권은 내가 특별히 추천해주고 싶은 것으로 했다.

그렇게 해서 책을 가져갔더니 활동가들이 많이 좋아했다. 내 마음의 짐도 조금은 덜어졌다. 그런데 돌아와 생각하니 시집을 넣지 않은 것이 마음에 걸렸다. 다시 시집을 주문해서 가져갔다.

50만 원 정도 예상했지만 막상 하고 보니 80만 원 가까이 되었다. 아예 100만 원을 예상하고 해도 되었을 텐데 내가 경제 활동을 하고 있는 상황이 아니어서 크게 쓰지 못했다. 하지만 마음이 더 중요한 것이니 그 정도라도 할 수 있었던 것에 감사했다.

장형숙 할머니에게 편지를 쓰다

방송을 보고 난 후 두 딸에게 장형숙 할머니 이야기를 들려주었다. 그리고 우리도 일본에 있는 남편에게 편지를 쓰자고 했다. 수시

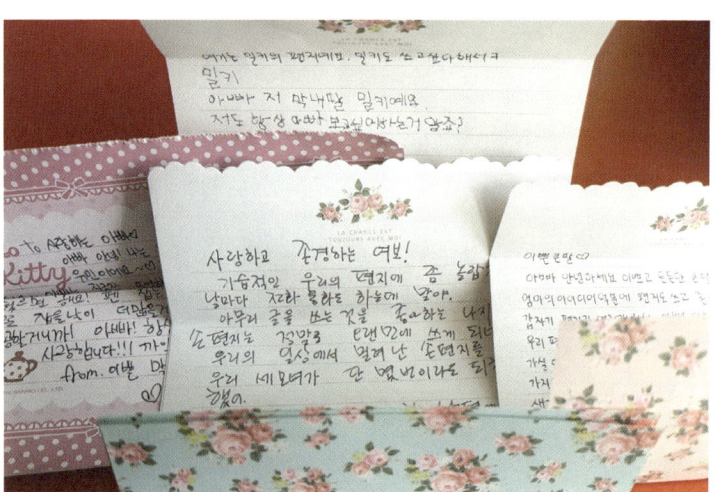

남편에게 보낸 편지

로 문자를 주고받고 전화도 하지만 편지로 응원을 보낸다면 그것들과는 많이 다를 것이라 생각됐다. 가족을 위해 혼자 떨어져 일하고 있는 남편에게 작지만 큰 기쁨을 준 선물이었음을 굳이 말하지 않아도 상상이 될 것이다.

그러고 난 뒤에 나는 장형숙 할머니에게 편지를 쓰기로 했다. 방송국 홈페이지로 들어가 게시판에다 할머니 주소를 문의했다. 그랬더니 담당자가 문자로 주소를 보내주었다. 할머니도 이런 방법으로 하시는가 싶었다.

그래서 편지를 주고받을 수 있었다.

장형숙 할머님께

안녕하세요? 저는 경기도 안산에 사는 오십대 초반의 여성입니다. 우연히 방송에서 할머님을 뵙고 이렇게 편지를 쓰게 되었습니다.

할머니 이야기를 중간에 보게 되었는데 세월호 마지막 생존자인 박준혁 군에게 편지를 쓰시던 모습을 보고 깊은 감동과 함께 놀라운 감정을 느꼈습니다.

90세 연세에 사회에서 일어나는 일에 관심을 갖고 어떤 행동을 취하시는 모습은 저를 무척이나 부끄럽게 했습니다.

세월호의 많은 희생자들이 다녔던 단원고가 제가 사는 지역의 학교이기에 당시 저는 엄청난 충격과 분노를 느끼면서 절대 잊지 않겠다고 했는데 '과연 지금까지 무엇을 했는가?' 하고 큰 반성을 했습니다. 편지 쓰는 방법도 있다는 것을 보면서 앞으로 저는 무엇을 할 수 있을까 생각하고 있답니다.

저는 할머니께 신선한 충격을 받았기에 방송을 처음부터 보았습니다. 할머님의 사연과 내용이 무척 궁금했기 때문입니다. 책이나 신문, 그리고 TV를 보면서 위로와 격려가 필요한 사람한테 편지를 쓰시더군요. 그것도 오래전부터 하루에 열 통씩이나 말입니다. 참으로 긴 여운이 남는 일입니다.

요즘은 휴대폰으로 바로 문자를 주고받기 때문에 손편지를 쓴다는 생각을 아예 하지 않습니다. 그런데 할머님께서 편지 쓰시는 모습을 보니 저도 누군가에게 쓰고 싶어지더군요. 그 대상이 바로 남편이었습니다. 현재 남편은 일본에서 사업을 하고 있어서 가족과 떨어져 생활하고 있습니다. 날마다 전화 통화도 하고 가끔 집을 다녀가고, 저도 일 년에 여섯 번 정도는 일본을 다녀오지만 남편에게 손편지로 우리 가족의 사랑을 전해주고 싶었던 거지요.

그래서 두 딸과 저는 정성들여 편지를 썼습니다. 편지를 받은 남편이 깜짝 놀라며 기뻐할 모습을 상상하니 기분이 절로 좋아지더군요.

그리고 저는 또 이토록 멋진 아이디어를 제공해주신 할머님께도 편지가 쓰고 싶어 이렇게 펜을 잡고 있습니다.

그날 방송을 본 사람 가운데엔 저처럼 큰 감동을 받고 편지를 쓴 사람들이 꽤 되지 않을까 생각합니다.

장형숙 할머님 감사합니다. 그리고 존경합니다. 할머님의 삶의 태도와 행동은 제게 많은 생각을 할 수 있는 바탕을 만들어주셨습니다. 후반 인생을 어떤 마음가짐과 행동으로 채워나갈지 지속적으로 생각하고 고민하겠습니다.

늘 건강하시기 바랍니다. 안녕히 계세요.

2017. 6. 5. 김건숙 드림

편지를 보내고 나서 답장을 얼마나 기다렸는지 모른다. 방송에서 할머니는 공짜 편지는 없다 했다. 무슨 말인가 하면 편지를 받으면 답장을 꼭 한다는 말이다. 나도, 할머니도 일반 우편으로 보내서 편지는 더디 오고 갔다. 손편지는 그 맛이다.

내가 후반 인생을 어떻게 살지 고민한다고 해서인지 할머니는 '생각만큼 다르게 들리는 소리의 재발견'이라는 글을 신문에서 오린 것과 '쉬운 질문 어려운 답'이라는 것을 복사한 종이에 답장을 보내주었다.

건숙 씨에게

늙은이가 할 일 없어 소일하느라 편지 쓴 것이 소문나서 건숙 씨처럼 달필의 편지를 받고 보니 떨리는 손이지만 회답을 보낸답니다.

나라의 재앙에서 온 국민이 슬펐지요. 분향소에도 가보았지요. 조카가 그곳에서 살아서 안내해주었지요. 자격 없는 여인이 욕심으로 나라를 다스린다고 설치더니 결국 비참하게 됐군요. 나라의 운명이고 민족의 슬픔이네요. 노무현처럼 바르게 살고자 한 사람은 견디기 힘든 것이 우리나라란 것을 평생 보았습니다. 그 가정(우리 집을 가리킴)은 멋지게 사는 것 같군요. 나는 왜정시대 때 공부했기에 일본 동창이 있어서 동창회 하느라 몇 번 가보았답니다. 지금도 편지 왕래하는 사람이 있는데 정치가는 탐욕으로 우리나라를 삼키려 해도 양심 바른 사람도 있지요.

치매 예방이라고 생각하면서 편지 쓰는 습관이 생긴 것 같은데 모르는 것이 많아서(인터넷) 살기 힘듭답니다. 노인은 시간이 남고 움직이면 힘들고 아직은 책을 읽지만 주어진 대로 살려 합니다. 젊으니까 힘내십시오.

6. 10. 새벽. 대전할머니

편지 받고 또 놀랐다. 그 연세에도 정치에 대한 식견이 있으셨기 때문이다. 나보다도 더 해박하신 것 같았다. 나이 든 분들 가운데엔 태극기 집회에 나가기도 하고, 박근혜 전 대통령을 감싸는 사람들이 많은데 정확한 판단으로 꿰뚫고 있다는 점이 참으로 존경스러웠다.

그리고 안산 분향소까지 다녀가셨다니 할 말이 없었다. 나는 분향소에 못 들어갔다. 도저히 아이들 얼굴을 쳐다볼 수도 없고, 들어가면 바로 울음보가 터질 것 같았기 때문이다. 시간이 좀 지나면 괜찮을까 싶었지만 아니었다. 화랑 유원지 분향소 옆으로 봉사 활동 나갔을 때가 한 달 정도 지났을 때였던 것 같은데 입구까지 가봤다가 도저히 용기가 안 나 못 들어갔다.

다시 편지를 써서 부쳤다. 그리고 혹여 힘에 부치신다면 답장은 안 해주셔도 된다고 했는데, 할머니는 또 답장을 주셨다. 그때에는 애도에 대한 기사를 복사해서 보내주셨다. 그 정성과 감각에 또 한 번 놀랐다. 전화까지 주셔서 통화까지 할 수 있어 기뻤다.

To. 멋지게 살고 있는 건숙 씨

일본은 가까우면서도 먼 것을 느낄 때가 있답니다. 아베가 물러가야 하는데(외조부가 한국을 노리던 정치꾼이었소) 민주 정권이 잠깐 하다가 약해서 견디지 못한 과거가 있다오.

신랑이 사업차 그곳에 있다니 장하고도 궁금하답니다.

세월호 생존자 박준혁 군도 어엿한 대학생이 되었는데 원주 청년이 편지하겠다고 주소 알려 달라 했네요.

안산 분향소로 가본 일이 있는데 그곳에 관심이 있다니 고맙군요. 젊어서 많이많이 봉사하세요. 선을 베푼 것밖에 남는 것은 없답니다.

박근혜 종노릇하던 김기춘의 추한 모습이 신문에 나오는군요. 추석 후에 봅시다.

7. 2. 밤

핵심이 정확한 글을 보며 또다시 놀랐다.

할머니를 찾아뵙는다고 해놓고 그 약속을 아직 못 지키고 있다. 올해가 92세이시니 얼른 찾아뵈어야 할 텐데 폭염이라 또 미루고 있다. 대신 얼마 전에 전화를 드렸더니 서울에 가시는 중이라 했다. 시간이 넉넉하시면 서울에서 뵐까 했더니 금방 내려가신다 했다.

작년에 책 나왔을 때 책과 함께 편지를 써서 보내드렸는데, 전화하셔서 고맙다면서 답장 쓰신다 했는데 잊으신 모양이다.

장형숙 할머니의 삶이 《비에도 지지 않고》와 어찌 그리 닮았을까. 주인공은 비에도 지지 않고 바람에도, 눈에도, 더위에도 지지 않는 튼튼한 몸으로 화내지 않으면서 늘 조용히 살고 싶어했으며, 그런 삶을 살았다.

> 만약 내가
> 누군가의 가슴이 무너지는 것을
> 막을 수 있다면,
> 나 헛되이 사는 것은 아니리.
>
> 만약 내가
> 누군가의 삶에서 아픔을 덜어내고
> 고통을 누그러뜨릴 수 있다면,
> 지친 울새 한 마리를
> 다시 제 둥지로 돌려보낼 수 있다면,
> 나 헛되이 사는 것은 아니리.
>
> — 에밀리 디킨슨, 〈만약 내가〉

누군가의 가슴이 무너지는 것을 막고, 누군가의 고통을 덜어주기 위해서는 거창한 것을 해야 되는 줄 알았다. 그러나 마음이 있다면 장형숙 할머니처럼 소박한 방법을 생각해낼 수 있다는 것을 알았다. 물론 요즘같이 눈이 핑핑 돌아갈 정도로 속도가 빠른 시대에 사는 우리가 편지지에 손글씨로 써서 우체국에 가서 편지를 부치는 일은 많은 정성과 시간을 들여야 한다. 하지만 우리도 할 수 있는 일이다. 마음을 들인다면 말이다. 도무지 편지 쓸 엄두가 안 난다면 다른 방법을 찾을 수도 있다.

　내가 들인 작은 정성이 무너지는 누군가의 가슴을 막고, 절망과 고통에 싸인 사람에게 힘과 희망을 줄 수 있다면 무엇이든 해볼 만하다. 비록 소소한 일일지라도.

《비에도 지지 않고》
미야자와 겐지 시, 엄혜숙 옮김,
그림책공작소

 마흔, 마음속 외침을 들을 때

일본을 대표하는 아방가르드 화가이자 현대 미술의 선각자인 오카모토 타로는 예술이 가져야 할 기본 조건을 네 가지로 말했다. 산뜻해서도 안 되고, 깔끔해서도 안 되며, 솜씨가 좋아서도 안 된다. 거기에 하나를 더해 혐오스러워야 한다는 것이다.

그의 말에 의하면, 자연을 그린 풍경화나 누드, 정물화 등은 그동안 우리가 많이 보아왔기 때문에 부담 없이 그 세계에 빠져들 수 있는데 진정한 예술 작품은 반드시 보는 사람들에게 일종의 긴장감을 강요한다고 한다. 자신이 가지고 있는 교양과 지식만으로는 판단이 잘 안 되어 두려움마저 느끼게 하는 힘도 내재되어 있다고 한다.

실물을 사진처럼 똑같이 그린 그림 앞에 서면 감탄사가 절로 나온다. 예쁜 그림을 보았을 때도 마찬가지다. 허나 그뿐이다. 그런 그림에서는 작가가 말하고자 하는 특별한 메시지가 느껴지지 않아 감동이 전해오지 않기 때문이다. 타로가 말한 예술의 기본 조건과 정반대인 경우다. 산뜻하고, 깔끔하고, 혐오스럽지도 않은 것.

혐오스러워서 보는 이의 감정을 압박해오는 그림이라면 윤석남의 그림에도 많다. 툭 튀어나온 긴 팔, 피를 흘리고 있는 여인네, 푹신한 쿠션 대신 날카로운 쇠가 곳곳에 박혀 있는 의자, 나무에 갇혀 있는 여인들, 심각한 표정 짓고 있는 개 조각 등 모두 편안하게 감상할 수 없는 작품들이다.

윤석남은 억울하게 고통 받는 사람뿐만 아니라 버려진 개들까지 자신의 작품에 담았다. 또한 가난이나 폭력, 차별로 힘들게 살아가는 여성을 그렸기에 페미니스트 화가로 유명하다.

《나, 화가가 되고 싶어!》는 윤석남 이야기를 담고 있는 그림책이다. 이 책 표지에도 쭉 뻗은 긴 팔에 붓을 든 여성이 그려져 있다. 온몸으로 노는 것을 좋아했던 어린 윤석남은 나무에 올라타고, 헤엄을 치면서 놀았다. 강둑에 누워 꽃과 풀과 하늘을 올려다보고 또 올려다보는 것을 좋아했다. 아버지 서재에 종일 틀어박혀 책 읽는 재미에 푹 빠져 있기도 했다. 그런 석남은 어느 날 자신이 그림을 잘 그린다는 사실을 알았다.

내 마음이 신이 나서 외쳤어요.
어쩌면 화가가 될지도 몰라…….

어쩌면 화가로 성공할지도 몰라…….
몰라. 몰라. 성공하든 못하든

나, 화가가 되고 싶어!

그러나 현실은 석남이 원하는 길로 데려가주지 않았다. 아내가 되고 며느리가 되어 밥하고 청소하고 빨래하는 날들이 이어졌다. 딸을 낳고 엄마가 되자 아기 돌보는 일이 더해졌다. 아이가 자라고 집도 넓어졌지만 석남의 마음은 점점 작아지고 있었다.

석남의 마음속에서는 그림을 그리고 싶다는 마음이 소용돌이 쳤다. 마음속 외침을 들은 석남은 자신을 그대로 둘 수 없었다. 서경식 교수의 《나의 조선미술 순례》에서 인터뷰 한 내용을 보면, 윤석남은 10년 동안 가족을 위해 살고 나자 그림을 그리지 않으면 살 가치가 없다고 여겨졌다고 한다. 그래서 이혼하고 프랑스로 공부하러 떠날 마음을 먹는다. 이혼만은 막고 싶었던 남편은 윤석남에게 그림을 그리라며 독려한다.

윤석남은 그길로 화실에 다니기 시작하고 마흔에 그림 그리는 길로 들어선다. 어렸을 때 꾸었던 꿈을 중년이 되어서야 꺼내보게 된 것이다.

늦은 꽃

책과 미술에 관심이 있다는 점에서 블로그 이웃이 되고, 친하게 된 홍미옥도 윤석남과 비슷한 길을 걷고 있었다. 홍미옥은 아이가 초등학교에 입학하자 오전 시간을 이용하여 화실에 다니기로 한다. 전날 얼마나 설레는지 잠이 오지 않았다. 화실에 다니기로 했을 뿐인데도 자신도 모르는 자신감이 생겼다.

다섯 살 때부터 오빠들 공책 뒷면에 사람 그리는 것을 좋아한 미옥은 예쁜 치마와 바지를 입은 여자 아이들을 그렸다. 딸이 오빠들에게 핀잔 듣는 것을 보셨는지 아버지가 퇴근길에 켄트지 200장을 사서 사물함에 넣어주었다. 오빠들은 손도 대지 못하게 했다. 미옥은 물 만난 듯 그림을 그렸다. 한 장에 스무 사람을 그리기도 했다. 공책 표지와는 비교도 되지 않게 잘 그려졌다. 종이가 좋아야 그림도 잘 그려진다는 사실을 그때 알았다.

미옥의 그림은 환경 미화 때 단골로 뽑혔고, 미술 대회 때도 눈부신 빛을 발했다. 중학교 때까지만 해도 미술부에 들어갔으나 아버지가 공부해서 좋은 대학에 가라고 했다. 말 잘 듣는 그녀는 반항 없이 공부했고, 실력도 좋았다. 그때부터 그림은 미옥에게서 멀어졌다.

한 초등학교 어린이가 썼다는 '여덟 살의 꿈'이라는 글을 페이스북에서 보았다.

'나는 ○○초등학교를 나와서/국제 중학교를 나와서/하버드대를

갈 거다.// 그래 그래서 나는/내가 하고 싶은/정말 하고 싶은 미용사가 될 거다.'

홍미옥도 "좋은 대학 가기 위해 공부해라."라고 해서 별 저항 없이 그림을 포기한 쪽이었다. 속으로 그림은 언제라도 그리면 된다는 생각을 하면서 말이다. 그렇게 멀어진 그림은 불씨가 되어 가슴 밑바닥에 숨겨져 있었다.

성격을 9가지 유형으로 분류하는 에니어그램에서는 중년이 되면 접혔던 날개가 펴진다고 한다. 유년, 청소년 시절엔 가정이나 사회적 영향으로 억눌려 있던 꿈을 중년이 되면 펼치게 되는 것이다. 윤석남도 홍미옥도 중년이 되었을 때 비로소 자신들이 좋아하는 그림과 마주 대할 수 있었다.

심지어 가상이었던 홍미옥의 아버지도 사십대 때 검찰 공무원직을 그만두고 그림을 그렸다. 입상도 하고 전시회까지 얼었다. 홍미옥에게 아버지 피가 흐르고 있었음을 숨길 수 없는 대목이다.

그녀는 20년 가까이 유화를 그렸다. 유화는 시간과 정성 그리고 인내심이 많이 필요한 분야이다. 미술 공부도 많이 해야 한다. 그래서 서양미술품을 많이 소장하고 있는 일본 미술관을 자주 다니고 있다. 미술관 공부 이후 보는 시선이 달라져서 그림 실력도 높아졌다.

홍미옥의 식탁과 그 주변 공간은 그녀의 작업 공간으로 바뀌었다. 이젤과 캔버스 그리고 화구가 그 자리를 차지하고 있다. 식탁은 아예 작품을 전시하는 한 뼘 갤러리가 되었다.

홍미옥은 골방에서 혼자 그림 그리고 혼자 감상하는 수준이 아니다. 소속된 단체는 없지만 다른 화가들과 소통하고 교류한다. 한일국제교류전에서는 특선으로 입상하여 도쿄도미술관에 전시되는 영광도 누렸다. 서울메트로미술대전에서도 서양화 부문에서 입상했다. 한불아트페스타에도 참여하고 국내외 단체전을 30회 정도 가졌다.

외동아들을 군대에 보내고 난 홍미옥은 허전함을 못 이겨 스마트폰에다 그림을 그리기 시작했다. 장대비가 요란하게 쏟아지던 날, 짧게 깎은 머리 뒤꼭지를 보이며 사라진 아들을 그린 것이 첫 작품이었다. 그 그림을 보고 그녀와 남편은 눈물지었다. 스마트폰 그림이 그리움을 불러오며 마음까지 달래준다는 사실을 체험하자 계속 그리

작업 공간이자 한 뼘 갤러리가 된 홍미옥의 식탁과 그 주위

도쿄에 있는 한국 책방 '책거리'에서 스마트폰 그림을 시연 강의하는 홍미옥

기 시작했다.

그렇게 그린 폰 그림을 블로그에 올리고 이야기를 써내려가기 시작했다. 유화처럼 자리를 차지하거나 시간이 많이 걸리는 것도 아니고 언제 어디서든 쓱쓱 그릴 수 있기 때문에 요즘엔 유화보다 스마트폰 그림에 더 빠져 있기도 하다.

도쿄에서 그 스마트폰 그림 작품과 내 책 그리고 규방공예가의 작품을 한 자리에 놓고 전시회를 열었다. 진보초에 있는 한국 책방 책거리에서도 콜라보 전시를 했다. 그 전시회에서 나는 북토크를, 홍미옥은 체험 시연 강의를 했다.

한 일간지 기자가 홍미옥의 블로그를 보고 연락을 해왔다. 그림도 좋지만 그림을 풀어내는 글맛에 높은 점수를 주면서 말이다. 그리하여 그녀는 중년에 환승열차를 잘 갈아탄 사람들을 필진으로 하는 섹션에 연재하게 되었다. 그림을 그리고 에세이를 쓰는 그림에세이 작가로 활동하게 된 것이다.

홍미옥은 우리네 삶을 그린다. 전철을 타고 가다가, 카페에서 차를 마시다가, 공항에서 비행기를 기다리다가 자신의 마음을 툭, 하고 건드리는 것이 있으면 폰을 꺼내 쓱쓱 그린다. 우리가 감동을 받는 것은 거대한 것이 아니라 이런 주변 사람들의 소소한 것에서이다. 그것을 볼 줄 아는 힘, 그리고 그것을 표현해내는 힘이 홍미옥의 감성이다. 그러니까 어떤 광경을 보더라도 그대로 그리는 것이 아니라 자신이 잡았던 포인트를 상상력까지 동원하여 새로운 풍경으로 전달하는 힘이 있다.

> 자꾸 물을 주다보면
> 호박꽃은 필 거야
> 그러면 어느 날 아침 한때
> 나, 호박꽃 주위에서 붕붕거리는 한 마리 벌이 될지도 몰라
> – 안도현, 〈나의 희망〉에서

대충 키워도 잘 자라는 식물들도 우리 집에만 들어오면 다 죽어나가서 오래전부터 화초들을 사지 않는다. 그래도 남아 있는 화분이 네 개 있다. 그 가운데엔 언제부터 우리 집에 있었는지 기억조차 나지 않는 작은 선인장이 있다. 흔한 선인장이기도 하고 늘 둥그런 몸통에 가시만 달려 있는 모습이어서 특별히 눈여겨보지도 않았다. 어쩌다 물

내가 선물한 그림책
《나, 화가가 되고 싶어!》를
들고 있는 홍미옥

주는 것 외엔 말이다.

그런데 작년인가, 붉은 꽃 두 송이가 피어 있는 것이 아닌가. 순간 놀라움을 감추지 못했다. 신기해서 사진 찍어 앨범에 저장해두었다. 얼마 안 있어 꽃이 지자 예전처럼 다시 잊고 말았다. 그런데 엊그제 또다시 꽃 두 송이가 피어 있었다. 별로 자라지도 않고 늘 그대로인 것 같은 작은 선인장이 붉은 꽃을 피워낸 게 하도 신통해 자꾸 베란다로 간다. 선인장이 사람이거나 강아지였다면 한참을 쓰다듬어주고 끌어안았을 것이다. 늦게 피워낸 꽃이기 때문이다. 자신의 열망을 끝까지 버리지 않았다는 점에서 대견하기 그지없었다.

윤석남이나 홍미옥이 붓을 잡은 것은, 숨죽은 듯 있었던 선인장이 가시 뚫고 꽃을 피워낸 것과 같다. 자신들의 꿈을 묻어두지 않고 중년에 꺼내어 한껏 펼쳐내고 있는 그 모습들이 아름답다.

윤석남에게 그렇듯 홍미옥에게도 그림은 특별한 존재가 아니다.

아침에 일어나 씻고 화장하고 밥을 먹는 것처럼 일상의 한 부분일 뿐이다. 그러한 속에서 자신이 성장하고 있음을 온몸으로 느끼고, 작품을 통해 다른 사람들과 소통하고 있으니 마냥 행복하다. 어렸을 때부터 가장 잘하고 또 좋아했던 것으로 중년 여정을 꾸미고 있으므로 자신이 느끼는 풍성함이야 말할 필요가 없을 것이다.

홍미옥은 잘하려고 애쓰지 않는다. 다만 세상 풍경을 자신의 눈으로 재해석해 자신만의 빛깔로 그려내면서 글도 쓰고 있다. 그러는 가운데 꽃도 피고, 벌도 날아오고 있음이어라!

《나, 화가가 되고 싶어!》
윤여림 글, 정현지 그림, 웅진주니어

책으로 구두 닦는 여자

　늦은 밤, 다용도실 문을 열자 후끈, 열기가 덮쳐온다. 밤이 되어도 기온이 떨어지지 않는 폭염이 나날이 이어지고 있다. 아침에 일어나 뉴스를 보니 지난밤 서울 기온이 사상 첫 초열대야로 30.3도였다. 열대야는 서울만이 아니라 전국을 들끓게 하고 있다. 부산이 16일째, 광주와 대전은 13일째 이어지고 있다. 111년 만의 더위라는데 자고 나면 폭염 기록을 쉬지 않고 갈아치운다. 40도 가까이 오르는 지역도 늘고 있다.
　종일 집에서 에어컨을 켜고 있다. 밤에도 끄지 못한다. 에어컨을 켜지 않을 때라도 창문을 아예 닫아서 열기를 막는 편이 낫다. 21층에 사는 우리 집도 이러한데 더위에 취약한 환경에서 지내는 사람은 어떨지 짐작도 할 수 없는 더위다. 정부에서는 이번 폭염을 재난으로 규정했다.

K씨 생각이 났다. 들끓는 지열과 맞닿아 있는 4.9㎡(약 1.5평)의 작은 구둣방에서 이런 날에도 일을 하고 있는 것인지 걱정되었다. 그렇다고 무턱대고 또 찾아가는 것이 실례일 것 같아서 그저 속으로만 걱정하고 응원을 보낸다.

K씨 일터를 찾아간 것은 작년 가을이었다. 그녀가 책을 좋아한다는 기사를 보고 권대웅 시인의 시집 《나는 누가 살다 간 여름일까》와 내 책 《책 사랑꾼 이색서점에서 무얼 보았나?》, 《나는 나로 살기로 했다》, 그리고 《행복한 청소부》를 챙겨갔다. 《행복한 청소부》는 내가 아주 좋아하는 책인데 주인공의 삶과 K씨의 삶이 많이 닮아서 선물하고 싶었다. 권대웅 시인을 만나 그의 시집에 K씨 부부 이름 앞으로 멋진 사인을 받아 갔다.

《행복한 청소부》에 나오는 눈이 맑고 동그란 아저씨는 요령이라고는 전혀 피우지 못할 사람으로 보인다. 아저씨 일상은 늘 한결같다. 파란색 작업복을 입고, 파란색 고무장화를 신고, 파란색 사다리와 파란색 물통, 파란색 솔과 파란색 가죽 천을 가지고 파란색 자전거를 타고 거리로 나서면 청소부로서의 똑같은 하루가 펼쳐진다.

전환점은 우연히 오는 경우가 적지 않다. 작가와 음악가들 이름이 씌어 있는 거리 표지판을 닦는 청소부 아저씨는 표지를 가장 잘 닦는 청소부다. 자기 직업을 사랑하고 자기가 닦는 거리 표지판을 누구보다 사랑했다. 인생을 바꾸고 싶다는 생각 같은 건 하지도 않았다. 구경 나온 아이가 표지판에 쓰인 단어를 잘못 알고 말하는 것을 아이 엄마가 설명해줄 때까지는 말이다.

이때 청소부 아저씨는 자기가 닦고 있는 표지판에 씌어 있는 사람이 유명 음악가인 줄 몰랐다는 사실이 부끄러웠다. 그래서 일이 끝나자마자 집으로 돌아가 음악가 이름을 써서 벽에 붙이고 공부하기 시작했다. 신문을 꼼꼼히 보며 음악회와 오페라 공연에 관한 정보를 모았다.

공연장을 처음 찾은 아저씨는 마치 신세계에 있는 기분이었을 것이다. 공연이 끝날 무렵엔 오싹 몸을 떨며 멍한 상태에서 깨어났다니, 음악 속에 얼마나 깊이 빠져들어 있었는지 짐작할 수 있다. 집에서 의자에 앉아 신문을 펼쳐들고 자세히 살피는 눈빛에서 행복이 전해져온다. 아저씨는 크리스마스 때에는 레코드 플레이어를 사서 밤새 음악을 들었다.

음악가들에게 자신이 생기자 작가들을 공부하기로 한다. 시립도서관에 가서 작가들이 쓴 책들을 빌려 읽기 시작했다. 책에서는 한 번도 들어보지 못한 말들을 자꾸만 만나게 되었다. 처음엔 이해되지 않았지만 되풀이해서 읽으니 무슨 뜻인지 알게 되었다.

'저녁이면 저녁마다' 책 속 이야기에 잠겨 있더니 아저씨는 음악에서 발견했던 비밀이 책 속에도 있다는 것을 알게 된다. 엄청난 도약이다. 집중과 몰입, 그리고 배움의 즐거움이 더해지니 아저씨가 파는 지식의 우물은 깊어만 갔다.

서울의 한 지하철 역과 가까운 구둣방에서 일하는 K씨는 광주에서 올라왔다. 26년째 그 일을 하고 있다. 광주에서는 큰 도매업을 했으나 남편이 낸 교통사고로 모든 걸 잃었다. 예전에는 일어나보니 유명인이 되어 있었다는 말이 유행했으나, 변화의 폭이 심한 요즘엔 K씨처럼 하루아침에 모든 걸 잃는 경우가 적지 않다. 일이 서툴렀던 초기에 K씨는 손님과 말싸움도 하고, 업신여김도 받아야 했다. 마음에 상처가 생기고 남편이 원망스러웠다.

어느 날, 짬이 난 K씨는 집에서 가져온 책을 읽었다. 책은 지친 마음을 위로해줬다. 그 뒤로 계속 책을 읽었다. 책은 구두 닦는 일을 부끄러워한 그녀를 다독이고 세워주었다. 그녀는 자기답게 사는 것이 무엇인지 생각했다.

K씨는 시간이 날 때면 구둣방 옆 서점으로 가서 책을 읽었다. 읽기만 하고 책을 안 사는 K씨에게 주인이 눈치를 줬다. 사정 이야기를 하니 주인은 언제든지 와서 읽으라 했다. 하지만 동네 서점들이 문을 닫기 시작했다.

한쪽 문이 닫히면 한쪽 문이 열리는 것일까? 때마침 구청에서 '걸어서 10분 거리 도서관 사업'을 벌였다. 덕분에 K씨는 한 달에 평균 15권 정도를 빌려 읽었다. 5년간 1,000권 가까이 책을 읽었으니 이제 웬만한 독서가들 수준으로 올라와 있을 것이다. 머지않아 책을 썼다는 소식이 들리지 않을까 싶다.

청소부 아저씨는 독서 수준이 높아져서 학자들이 쓴 음악가와 작가들에 대한 책을 빌려 읽는다. 이해하기 어렵고, 끝까지 읽어내지 못하면 어떠하랴. 시간이 흘러 나이를 먹었어도 아저씨는 여전히 표지판을 돌본다. 이따금 표지판을 어루만지며 자기 자신에게 음악과 문학에 대해 강연을 한다. 아무것도 알아차리지 못한 아저씨가 중얼거리며 파란색 사다리를 내려오는데 사람들이 박수를 쳤다. 다음 날엔 사람들이 먼저 와서 아저씨를 기다리고 있기도 했다.

점점 더 많은 사람들이 행복한 청소부의 강연을 들으러 왔고, 방송에서 촬영까지 해 가서 하루아침에 유명 인사가 됐다. 가는 곳마다 아저씨에게 사인을 받으려고 몰려들었다. 더 놀라운 일은 대학 네 곳에서 강연을 해달라는 연락이 온 것이다.

구둣방에 책이 쌓여 있는 모습을 본 적이 있는가. 그곳에 놓인 책은 손님들과 자연스레 말 트는 도구가 되어줄 것이다. 구두 뒷굽을 갈러 가거나 구두를 닦으러 갔다가 자신이 읽은 책이나 관심 분야의 책이라도 있다면 금방 친해질 것이다.

어느 날 구청장이 K씨 구둣방에 가게 되었다. 그는 구둣방에 책이 쌓여 있는 모습을 보고 그녀를 독서홍보대사로 임명했다.

청소부 아저씨는 대학 강연 요청에 이런 답장을 보냈다.

"나는 하루 종일 표지판을 닦는 청소부입니다. 강연을 하는 건 오로지 내 자신의 즐거움을 위해서랍니다. 나는 교수가 되고 싶지 않습니다. 지금 내가 하는 일을 계속하고 싶습니다. 안녕히 계세요."

자신이 유명해지려고 공부한 게 아니라고 해도 참 좋은 기회를 놓

청소부 아저씨는 음악과
책으로 표지판을 닦고,
K씨는 책으로 구두를 닦는다.

쳤다는 생각이 든다. 그래도 흔들리지 않은 아저씨 모습에 큰 박수를 보낸다. 나라면 어땠을까? 같이 나누는 것을 좋아하는 내 성격에 조금은 흔들리지 않았을까?

블로그에 글을 열심히 올리고, 책을 쓰는 모습을 옆에서 지켜본 딸이 물었다. "엄마는 개인적인 이야기를 남들에게 공개하는 게 괜찮아요?"라고 말이다. 나는 공개보다는 공유라고 말했다. 좋은 것이 있으면 함께 나눠서 좋고, 속이 상한 게 있으면 털어놓는 순간 속이 시원해져서 좋다고 말이다. 하지만 공적인 공간에서는 스스로 걸러내어 속속들이 얘기하지 않으며, 내가 가지고 있는 가치들을 나눈다고 했다.

청소부 아저씨가 겸허한 마음으로 어제처럼 오늘도 성실히 표지판 닦는 모습도 아름답지만 자신이 가진 것을 다른 이들과 함께 나누는 모습도 아름다우리라 생각한다. K씨도 홍보대사로서 그 역할을 성실히 수행하겠다고 했으니 지금 열심히 활동하고 있지 않을까 싶다.

책을 선물하러 갔을 때 구둣방에는 여자 손님이 앉아 있었다. 한 명이 앉으면 거의 꽉 차고, 초면에 밖에서 기다리고 있으면 부담 줄 것 같아 그냥 돌아왔다. 그리고 그녀도 청소부 아저씨처럼 수줍은 사람이었다. 책을 건넸을 때 감사하다고 미소를 짓던 모습이 선하다. 더위 가시면 언제 가서 차라도 마시면서 이야기를 나누고 싶다.

《행복한 청소부》를 제2의 인생 그림책으로 삼을 정도로 좋아한다. 음악가들과 작가들에게 관심을 갖고 공부하면서 거기에 빠져드는 아저씨 모습에 내가 빠져들었다. 청소부 아저씨는 책을 읽고 공부하면서 스스로 그 기쁨과 충만함에 쌓였으며, K씨도 책을 읽으면서 힘든 삶을 극복했다. 그리고 그 둘은 주변 사람들에게도 좋은 영향을 끼쳤다. 청소부 아저씨와 K씨는 '닦는다'는 점에서도 닮았다.

'청소부 아저씨는 음악과 책으로 표지판을 닦고, K씨는 책으로 구두를 닦는다.'

K씨에게 시 한 구절 바친다.

텔레비 빛으로 젖은 책에서 울려나오는 몽상.
가난한 뜰에 꽃나무로 서 있던
오래된 잠을 흔든다.

- 박형준, 〈책〉에서

책을 읽다 보면 지난날들을 더듬어보게도 된다. K씨는 풍족했던 때보다는 고단한 날들을 꾸리며 버티던 시간들을 더 많이 떠올렸을지도 모른다. 책 속에 있던 글자들이 하나둘 깨어 나와 그녀의 마음속을 어지러이 휘젓기도 했을 것이다. 그러나 책은 다시 그 문장들을 주워 담아 생각의 강물에 하나둘 흘려보내지 않았을까. 그리고 거기에는 파릇한 잎들이 돋아나고 있었을 것이고…….

매일 밤 K씨는 책 덮는 것으로 하루를 마무리했을 것이다. '덕분에 하루 잘 지냈다'라며 책 표지를 가만가만 쓰다듬는 그녀 모습이 겹쳐진다.

《행복한 청소부》
안토니 보라틴스키 그림, 모니카 페트 글, 김경연 옮김, 풀빛

 ## 비바람에 뜯기고도

어느 날 아침 블로그에 올라온 그녀의 글을 읽다가 '앗!' 했다.

자아!
벌떡 일어나 커튼을 열고 창문을 활짝 열자

베란다로
테라스로
옥상으로
마당으로
들판으로
나가보자

오늘 아침 공기를 마시자
기지개를 펴고 깊숙이 심호흡을 하자

여기까지 읽은 나는 벌떡 일어나 그림책들 속에서 하나를 꺼내들었다. 아라이 료지의 《아침에 창문을 열면》이었다. 얼른 책을 펼쳤다.

아침이 밝았어요.
창문을 활짝 열어요.
산은 오늘도 저기 있고
나무는 오늘도 여기 있어요.
그래서 나는 이곳이 좋아요.

착각이었다. 그녀가 책 속 글을 옮겨놓은 줄 알았던 것이다. '창문을 활짝 열자'라는 문장이 같을 뿐이었다. 처음 이 책을 읽었을 때 자연스레 그녀가 떠올라 한 권 사서 선물해준 것도 거기에서 그녀의 아침을 보았기 때문이다.

이른 아침이면 오뚝이처럼 벌떡 일어나 창문을 활짝 열어놓고 서둘러 옥상 정원으로 올라가는 그녀를 상상하는 일이란 그리 어렵지 않다. 밝아오는 하늘을 보며 아무 일 없이 새날 맞은 것에 감사하던 그녀 눈은 어느새 꽃들에게로 향할 것이다. 긴 호스 끌어다 물을 주면서 시든 잎들은 따주고, 피어난 꽃들과는 반가운 인사 나누느라 입은 쉴 새 없으리라. 그렇게 쭉 돌며 그들과 눈맞춤, 입맞춤하는 시간이 그녀에게는 더없이 행복한 시간이었을 것이다.

일 년에 대여섯 번 도쿄에 간다. 자주 가는 편인 데다 의사소통 정도는 할 수 있는데도 혼자 이곳저곳 다닐 때면 나도 모르게 약간의 긴장감이나 이질감 같은 감정을 느낀다. 현지인이 아니므로 당연한 일일 것이다. 일본인과 결혼하여 아들 둘을 키우던 그녀는 어땠을까? 가정을 이루고 산 것이 어언 20년도 넘었고, 일본에서 산 것은 강산이 세 번이나 변할 만큼 되었으니 괜찮은 것일까?

제주도 출신이어서 그런지 몰라도 그녀는 씩씩하다. 외로워도 슬퍼도 울지 않는, 영락없는 캔디다. 누구하고도 바로 친구가 될 만큼 친화력도 좋다. 그런 성격 때문인지 그녀는 자신의 아이들이 초등학교에 다닐 때 학부모회인 PTA(Parent-Teacher Association. 학부모-교사 협의회. 한국의 학부모회에 해당)의 임원으로도 활동했다. 우리와 달리 일본에서는 그 역할을 중시한다고 한다. "저는 한국인입니다. 여러분에게 불편을 끼쳐드릴지도 모르겠지만 뭔가 도울 일이 있을 거라는 마음으로 이 일을 맡았습니다. 어떤 일이든 시켜주십시오." 하면서 현지인도 선뜻 나서지 못하는 자리를 맡아 잘 해낸 것을 보면 역시 제주 여성의 힘을 보여주는 것 같다. 나중에는 회장까지 역임했는데, 차별이 심한 일본 사회에서 흔치 않은 일이었다고 한다.

그녀는 외동아들인 일본 남자와 결혼하면서 시부모와 함께 살았다. 좀 까다로운 시아버지와 갈등도 있었다. 한국 방송 자막 번역 일을 하느라 일상은 늘 숨가쁘다. 일주일 단위로 일을 하는 그녀에게 휴일이란 일주일에 하루 정도이다. 작년에 시어머니가 세상을 떠나자 구십 넘은 시아버지 수발도 한다. 그리하여 가까운 패밀리 레스토

"옥상정원은 나의 숨골, 비밀의 정원, 소소한 힐링 공간, 나만의 천국!"

랑으로 가서 일하던 것마저도 할 수 없게 되었다. 둘째 아들이 대학생이 되기 전까지는 새벽 4시경에 일어나 아침 해주고 도시락도 싸서 들려줬다.

그래서 옥상 정원 가꾸는 일에 더 정성을 들이는지 모르겠다. 틈내기 어려우니 문화센터 같은 곳에서 하는 취미 활동은 물론이고 나들이 한 번 하는 것도 쉽지 않을 터이다. 그러나 옥상 정원이 그녀에게는 가쁜 숨 틔워주는 곳이고, 작은 천국이기도 하므로 그곳이 바로 문화 센터요, 취미 활동 공간이 아니겠는가.

하루 중 해 뜰 무렵이나 해 질 때, 또는 차를 마실 때 그녀는 옥상 정원으로 올라간다. 일하다 답답해질 때도 옥상을 찾는다. 멍 하니 앉아 하늘을 보기도 하고, 화분을 손보기도 한다. 흙과 식물을 만지는 것이 정서적으로 좋다는 것은 누구나 다 아는 사실이다. 환자들이나 노인들이 원예 체험을 하는 것도 그 때문이리라.

그녀도 옥상에서 꽃들을 돌보는 것을 '흙놀이 테라피'라 한다. 하루 종일 시간을 보낼 때도 있을 정도다. 일 하다가 갑갑하면 틈나는 대로 올라간다. 꽃들 속에서 책을 보며 소소한 즐거움을 얻기도 한다. 청소년 시절 우리에게 최고의 영웅이었던 헤르만 헤세도 정원을 직접 가꾸었다. 그는 이런 말을 했다.

"땅과 식물을 상대로 일하는 것은 명상과 마찬가지로 영혼을 자유롭게 놓아주고 쉬게 해주는 것입니다."

옥상 정원은 그녀의 또 다른 방이다. 그녀는 옥상 정원을 이렇게 말한다.

"옥상에 만든 오솔길이 아침저녁으로 날 쉬게 해준다. 나의 숨골, 비밀의 정원, 소소한 힐링 공간. 하늘을 볼 수 있는 곳, 달님과 만나는 곳, 나만의 천국."

아무리 씩씩하고 친화력이 좋다 해도 어찌 힘든 일이 없을까?

"한국을 떠나 다른 나라에서 생활하게 되는 경우에는 태어나고 자란 문화 속에서 살 수 없기에 생기는 외로움 또한 감수해야 한다. 순수하게 상대방의 문화를 받아들이려는 마음가짐이 없으면 힘들어진다."

그녀의 말을 살피면, "피할 수 없으면 즐겨라"라는 자세로 살고 있음을 알 수 있다.

그녀는 내가 도쿄에서 처음으로 맺은 친구 '양은심'이다. 20년 넘게 일본에서 살아온 그녀 이야기를 책으로 엮은 《일본 남자여도 괜찮아》라는 책을 읽은 나는 정성들여 리뷰를 썼다. 그녀와 친구가 되고 싶은 심정이 컸기 때문이다. 그 리뷰가 우리를 바로 만나게 해주었고, 내 바람대로 만나자마자 친구가 되었다.

한국에선 나름대로 분주한 나지만 도쿄에 가면 한량이 된다. 남편이 일하러 나가면 가고 싶은 책방이나 미술관 또는 정원 등을 찾아다니며 맘껏 즐긴다. 그러자니 귀한 시간 내어 나를 만나러 나와주는 그녀에게 미안한 마음까지 들 정도이다. 그럼에도 한 번도 자신의 신세나 환경을 탓하는 것을 보지 못했다.

1층엔 시부모님이 살고, 2층엔 그녀 가족이 산다. 처음부터 그런 것은 아니지만 일본인 시부모들은 한집에 살면서도 생활은 독립적으로 했다. 그녀가 너무 바쁘기도 했기 때문이다. 여느 어르신들과 달리 그녀 시부모들은 늦게 일어났다. 그러고는 시아버님이 도시락을 사다가 시어머니와 함께 식사를 했다. 일본 도시락이 얼마나 훌륭한지는 굳이 설명이 필요 없을 것이다. 그녀가 해드린다 해도 시아버지는 마다하고 자신이 해결하려 했다. 그러나 시어머니의 거동이 불편해지면서 그녀는 무슨 결단을 내려야 했다.

그녀는 강둑을 걸으며 많은 생각을 한 듯하다. 그 끝에 내린 결론은 시부모를 끌어안기로 한 것. 그리하여 밥과 식사, 청소 등을 해드렸다. 시어머니가 떠나시자 시아버지는 한껏 수그러지면서 그녀 수발을 본격적으로 받았다. 그녀는 시아버지가 했던 서운한 일들은 잊고 아가 대하듯 시아버지를 어르기도 하고 농담도 하면서 보살펴드리고 있다. 그러니 예전보다 더 바쁜 시간을 보내고 있다. 구순 노인이시라 무슨 일이 벌어질지 몰라 나들이 한번 하려면 다른 가족에게 맡기고 나오든지 한다.

그러나 늘 밝다. 심성이 본디 그러해서겠지만 옥상 정원에서 식물들과 교감하면서 얻은 넉넉한 마음도 한몫하리라 생각한다. 어느 날 그녀가 블로그에 올린 글은 그 자체로 시 한 편이 되었다.

상추를 갖다 심었더니
새들이 알아채고
뜯어 먹고 있다.
실한 놈으로 사다 심었더니
두고두고 먹어댄다.
밥값은 똥.
여전히 꽃도 뜯는다.
그건 디저트?

– 양은심

긴 호스 끌어다 물을 주면서 시든 잎들은 따주고, 피어난 꽃들과는 인사를 나누느라 바쁜 그녀

    그녀는 벌레가 꽃이나 채소들을 뜯어 먹은 이야기를 여러 차례 썼다. 겨우 밀어올린 새순을 똑 따먹었을 때 가슴 한쪽이 저렸을 텐데도 위트 넘치게 쓴 글을 읽노라면 나마저도 넉넉해진다. 실한 것을 골라 뜯어먹고는 똥이나 싸놓고 가는데도 꽃 뜯긴 것을 디저트라 여기는 그녀의 문학적 표현은 옥상 정원과 닮아 있다.

    《아침에 창문을 열면》은 "산은 오늘도 저기 있고, 나무도 오늘도 여기 있어요. 그래서 나는 이곳이 좋아요."로 시작된다. 우리에게 어제의 일상이 오늘로 이어져가고 있다는 사실이 얼마나 안심인가. 그녀가 옥상에 올라갔을 때 자신이 애지중지하는 장미가 어제처럼 피어 있고, 고향 제주에서 갖다 심은 깻잎이 잘 자라고 있는 것을 보면 그녀는 마냥 행복하다고 한다. 장미 한 송이 피어 있을 뿐인데 옥상 전체가 화사해졌다는 그녀에게선 콧노래가 절로 나오고 있었으리라. "비바람에 잎사귀를 다 뜯기고도 그 자리에 새잎을 올리는" 장미가 더 예쁘고 장하게 보이는 날 아침, 그녀 얼굴에도 밝고 화사한 꽃이 피어 있었을 것이다.

나는야, 꽃심이

옥상을 행복놀이터로 만든 그녀, '양은심'은 박노해가 지은 〈꽃내림〉의 주인공이다. 무슨 꽃이 피었는지, 무슨 꽃이 시들었는지 문안하는 시 속 화자와 똑같다.

아침마다 그녀가 올리는 옥상 정원 이야기에는 시들어가는 꽃들, 다시 핀 꽃들에게 문안하느라 분주한 그녀의 마음이 가득하여 글들도 '알록달록'이다. 나 같은 사람에겐 한번 보아서는 기억도 못할 갖은 꽃들을 사진 찍어 글과 함께 블로그에 올리는 그녀에게 있어 옥상 정원은 성전이기도 할 것이다. 마음을 다잡아주고, 활기를 주어 하루치 삶을 잘 쓰도록 만들어주는 성스러운 장소 말이다.

노후엔 고향 제주로 가서 사랑방 같은 '일본어 놀이방'을 운영하며 꽃밭과 텃밭을 가꾸고 싶다는 그녀도 아득한 별에서 꽃내림으로 왔는지 모른다. 그녀는 생이 다할 때까지 꽃에서 멀어지는 삶을 생각할 수 없을 것이다. 산속에 들어가 아름다운 정원을 가꾸며 동화를 쓴 타샤 할머니를 좋아하는 것도, '꽃사랑'이란 닉네임으로 '오솔길이 있는 옥상 정원'이란 블로그를 운영하는 것도 그녀에게 꽃이 있기 때문이다.

옥상 정원 가꾸는 것에 어떤 의미가 있느냐고 물었을 때 그녀는 거기에서 인생을 배운다고 답했다. 조바심 내지 않아도 때가 되면 새싹은 올라오고 꽃은 1년, 2년이 걸리더라도 핀다는 사실을 보며 그녀는 주먹 쥐고 내처 달리려던 마음을 다잡기도 한다.

> 꽃처럼 끈질긴 힘을 보았는가
> 꽃처럼 강인한 힘을 보았는가
> 나에겐 밥심보다 꽃심이다
>
> — 박노해, 〈꽃내림〉에서

태생이 밝고 씩씩했을 것도 같지만 옥상 정원을 가꾸면서 더 강해지지 않았을까? 다 죽어가는가 싶었는데 문득 새순을 올리고, 시들어가던 것이 꽃을 피워내고, 여리디여린 그들에게서 강인한 힘을 보곤 하는 그녀도 밥보다 꽃에서 더 힘을 얻는지 모른다. 시를 읽다 보니 문득 그녀 이름 '은심'에서 한 글자만 바꿔 '꽃심'이라고 부르고 싶어진다.

그녀는 오늘도 눈 뜨자마자 옥상 정원으로 올라가 꽃들을 보며 하루치 기운을 얻었을 것이다. '내 아가들아 잘 잤니? 오늘도 만나서 반가워!' 하면서 꽃심을 얻었을 것이다.

그녀에게는 두 아들만 뺀 대부분의 일이 힘에 부치는 것들이었다. 이국살이라는 것, 국제결혼이라는 것이 어디 만만한 일인가. 같은 나라 사람과 살아도 마치 화성과 금성에서 온 사람들이 사는 것처럼 쉽지 않은 법이다. 부부 당사자만의 문제가 아닌 집안과 집안이 만나는 일이기 때문이다. 그런데 그녀는 집안을 넘어서 국가와 국가 간의 만남이니 그간 우리가 알지 못하는 고충이 적지 않았을 터이다.

작년 여름 도쿄에 있을 때 우에노 공원 안에 있는 시노바즈 연못으로 그녀를 불러냈다. 연꽃 철이었기 때문이다. 그렇게나 꽃을 좋아하는 그녀가 한껏 멋을 뿜어내는 연꽃 앞에서도 얼굴이 밝지 못했다. 자세한 이야기는 하지 않았지만 시어버지기 몹시 서운히게 한 일이 있어 부아가 올랐기 때문이다. 씩씩하고 너른 가슴을 지닌 그녀에게도 한계 상황이라는 것이 있는 것이다. 아무리 이해하고 지혜롭게 대처하려 해도 감당하기 어려운 부분은 있는 것이다.

이처럼 타국살이가 힘들 때면 그녀는 옥상에서 적지 않은 위안을 얻는다. 비바람에 쓰러졌던 식물들이 다시 일어나 꽃을 피우고 열매 맺는 것을 보면서 없는 힘도 끌어내었을 것이다. 내게는 추상적으로만 보이는 '꽃 피는 노동, 꽃 피는 싸움'이 무엇인지 그녀는 척 하고 알 것이다. 화사한 것이 결코 화사한 것만이 아니라는 것을 말이다.

그녀의 씩씩함도 그저 씩씩함만은 아닐 것이다. 그래도 그녀는 아침이면 옥상에서 받은 정기를 블로그에 옮겨 담는다. '안녕 꽃들아!' 하면서 꽃심으로 힘을 낸다.

《아침에 창문을 열면》
아라이 료지 글·그림, 김난주 옮김,
시공주니어

동네 사람들의 '쉼터 문구점'

어른 아이 할 것 없이 줄을 서서 걷고 있다. 강아지 안고 가는 꼬마, 채소가 들어 있는 장바구니를 들고 가는 아주머니, 엄마 손 잡고 뛰는 여자아이, 토끼 인형 업고 아빠 자전거를 꼭 붙들고 있는 여자아이…… 이들 얼굴엔 하나같이 한박꽃이 피어 있다.

《누구라도 문구점》 표지 오른쪽에서부터 사람들 줄을 따라 왼쪽으로 시선을 옮기면 그 끝에 이해인 수녀님이 있다. 수녀님은 손을 들고 웃으면서 그들을 맞고 있다.

고등학교 때 이해인 수녀님 책을 처음 만났다. 시집《민들레의 영토》를 시작으로 에세이집들을 읽으며 수녀님의 맑고 고운 심성으로 영혼을 닦았다. 《누구라도 문구점》은 이해인 수녀님 동화이다. 수녀님 모습이 그림책에 등장하여 보는 재미가 더하다.

새싹문구점 앞은 아이들 재잘거림으로 활기차 보인다. 맘씨 좋아

뵈는 아저씨가 몸을 기울여 여자아이에게 물건을 보여주고 있고, 어떤 꼬마는 뽑기를 하고 있다. 한 남자아이는 방금 샀을 장난감을 친구에게 자랑하고 있다. 파란 가방을 멘 남자아이는 벽돌 의자에 앉아 오락하는 데 정신이 쏙 빠져 있다. 그 옆에는 땅에다 무릎까지 꿇고 오락기를 보고 있는 여자아이가 있고, 그 뒤에 서 있는 남자아이는 아이스크림을 빨며 눈을 오락기에 두고 있다.

이런 문구점 앞 풍경을 빙그레 웃으며 바라보고 있는 수녀님도 초등학교 때 저런 아이들 가운데 하나가 아니었을까?

어느 날 문구점에 간 수녀님은 편지지를 발견하고 너무 기뻐한다. 같이 간 친구가 그걸 보고 열 묶음이나 사줬다. 글 쓰는 것 좋아한다고 편지 쓰는 것을 모두가 좋아하는 건 아닐 텐데, 수녀님 편지 사랑은 남달라 보인다. 하기야 수녀님 좋아하는 독자들이 많으니 얼마나 많은 편지를 보내오겠는가. 그 답장만 써도 편지지 열 묶음은 금방 바닥날 것이다.

수녀님이 지내는 수녀원에선 설날 아침에 세뱃돈 대신 문구를 준다. 독특하고도 재밌는 세뱃값이다. 대부분 여성들이 문구를 좋아하니 인기 세뱃값일 것도 같다. 요즘 아이들은 책이나 문화상품권 또는 장난감보다 돈을 더 좋아하므로 세뱃값은 대부분 현금으로 받는다. 물건이 흔한 세상에 세뱃돈 대신 문구를 준다 하면 아이들 반응이 어떠할지 사뭇 궁금하다.

수녀님은 가끔 문구점 주인이 되는 상상을 한다. 가게 이름은 '누구라도 문구점'이다. 누구라도 들어와서 원하는 물건들뿐 아니라 기쁨과 희망과 사랑도 담아 가기를 바라는 마음에서 이름을 그리 지었다.

《누구라도 문구점》이 바로 그 상상으로 탄생한 그림책일 것이다. 페이지를 넘기다 보면 초록 잎사귀가 무성하고 세상을 제법 살았을 나무 두 그루가 문구점을 감싸 안고 있는 그림이 있다. 문구점 또한 나무 못지않게 오래 산 모습을 하고 있다. 손때 묻은 책이나 장난감처럼 정겨움이 가득 뿜어져나온다. 소박하지만 편안한 분위기를 지닌 문구점이다.

수녀님은 또 상상으로 문구점을 꾸민다. 항상 잔잔한 음악이 흐르게 하고, 잘 보이는 곳에는 아름다운 시를 걸어둔다. 한 모퉁이에는 작은 책상과 걸상을 마련해놓고 들꽃도 꽂아둔다. 손님들이 거기에 앉아 편지를 쓸 수 있도록 한 것이다.

그림책 《쏘피가 화나면— 정말, 정말 화나면…》의 쏘피가 언니와 놀다가 장난감을 빼앗겨서 화가 난 채 뛰쳐나왔을 때 나와 마주친다면 '누구라도 문구점'으로 이끌겠다. 저런 곳이라면 누구라도 금방 화가 누그러질 것이다. 봄 햇살이 따사로운 날이나 가을볕이 맑은 날에 저 문구점에 가서 보고 싶은 이에게 편지 쓰면 그만이겠다.

온 동네 아이와 어른들이 문구점 앞에 있다. 아이들은 동무들과 놀이를 즐기고, 어른들은 삼삼오오 둘러앉아 이야기를 나누고 있다. 동네 사람들이 두 페이지에 걸쳐 그려져 있는 장면은 마을 사람들을 화면 가득히 그려 넣은 브뤼헐의 그림을 떠올리게 한다. 평화로움이 깃든 문구점 앞 풍경이다.

> '누구라도 문구점'은 나의 상상 속에 있지만
> 나는 방 안에 실제로 '누구라도 코너'를 마련해 두고 있습니다.
> 선반에 '누구라도 원하시면 가져가세요.'라고 써 붙여 놓았습니다.
> 거기에는 새 노트와 연필, 고운 카드와 편지지를 놓아두었습니다.

아하, 문구점에서 산 열 묶음 편지지도 거기에 있겠구나. 그래서 수녀님이 그리도 좋아했구나!

'누구라도 문구점'의 또 다른 주인장

이해인 수녀님이 상상하는 '누구라도 문구점'도 좋았지만 '누구라도 코너' 부분을 읽을 때는 심장이 쿵 했다. 너무 멋진 생각이기 때문이다. 자신이 좋아하는 것을 함께 나누는 수녀님의 마음 씀씀이가 내 심장을 강하게 건드렸다. 감동과 놀람은 때로는 머리를 때리기도 하고, 심장을 두드리기도 한다. 그럴 때마다 그것이 혈류를 타고 내 가슴으로 잘 스며들기를 바란다. 노점상으로 한 푼 두 푼 모아 거금을 대학에 기부한 이야기도 쿵쿵거리게 하지만 이런 이야기도 내 마음을 울린다. 종소리처럼 울린다.

'누구라도 코너'를 보았을 때 바로 떠오른 이가 있었다. 블로그 이웃 바람 님이다. 어느 날 내 블로그에 댓글이 달려 인연이 시작됐다. 블로그에선 본명을 쓰는 이가 드물고, 어떤 때는 그 사람이 남성인지 여성인지 모를 때도 있다. 취향이 맞아 열심히 드나들며 댓글로 서로 북돋아 주면서 친분을 이어가다가도 어느 날 갑자기 발길이 뚝 끊어지기도 하는 것이 블로그 속 현실이다. 블로그 안에서 아무리 친해도 오프라인에서 만나는 일도 드물다.

반대로 안 지 얼마 안 되었어도 오프라인에서도 만나고 점점 깊어지는 이웃도 있다. 바람 님이 바로 그런 인물이다. 많은 방문자가 왔다 가면 언제 어떻게 인연이 시작되었는지 잘 모른다. 나 또한 이웃이 제법 되는 편이어서 바람 님과 언제 인연이 시작되었는지 잘 몰랐다. 그런데 내가 도쿄 이케부쿠로에 있는 릿쿄 대학에서 열린 윤동주 시인 탄생 100주년 행사에 대해 올린 글과 치히로미술관에 다녀온 후기를 보고 바람 님이 말을 걸었다고 한다. 바람 님은 릿쿄대 대학원에서 연구원 생활을 했기 때문에 내가 올린 글들을 보고 지난날들이 떠올랐을 것이다.

블로거들은 척 보면 안다. 처음 가서 글을 몇 개만 읽어보아도 이웃 추가를 할지 그냥 나올지 말이다. 내가 가장 중요하게 보는 것은 진정성이며, 관심 분야는 책, 미술, 여행이다. 바람 님 블로그를 처음 갔을 때 둘러보니 책을 좋아하고 영어, 일본어, 중국어에 관심이 많으며, 앞으로 번역 출간에 대한 꿈을 가지고 있었다. 그래서 바로 이웃 추가를 했다.

어느 날 바람 님 블로그에 도쿄에 관한 책 증정 이벤트 글이 공유되어 있었다. 그 책의 저자 가운데 한 명이 서평 이벤트를 벌인 것이다. 책 내용이 재미있겠다고 가볍게 댓글을 달았다. 그리고 나도 그 블로그로 가서 신청했지만 바람 님은 되고 나는 안 되었다. 그걸 알고 바람 님이 책을 읽고 보내준다더니 정말로 배달되어 왔다.

이런저런 이유들로 택배를 통해 책 선물을 받지만 바람 님 택배를 받았을 때는 평소와 달리 알 수 없는 감정에 휩싸였다. 이벤트를 통해 받은 책이고, 한창 장마철이어서 궂거나 더운 날이 많아 책을 부치러 가는 일은 무척 성가셨을 일이다. 더구나 바람 님에게는 두 살배기 아기가 있어서 안고 다녀왔을 것이었다. 따라서 바람 님이 보낸 책을 받고 나서 '세상에는 이런 사람도 있구나'라는 마음과 함께 바람 님 생각을 쉬이 거두지 못했다. 읽고 싶었던 책을 받았다는 기쁨보다는 책을 보내준 정성에 말로 표현하기 힘든 감동이 저 가슴 밑바닥으로부터 전해왔다.

출판사들로부터 심심치 않게 리뷰 제안으로 책을 받기도 하고 이벤트에 당첨되어 받기도 한다. 하지만 한 번도 그 책을 다른 사람에게 보내줄 생각을 못 했다. 첫 책이 출간되었을 때 몇몇 사람들에게 책을 보냈다. 사인하고, 메모하고, 큰 봉투에 넣어 주소 쓴 뒤 우체국에 가서 부치는 일이 생각보다 손이 많이 가는 일이라는 걸 알았다.

바람 님은 내 책이 나왔을 때도 자비로 세 권이나 사서 증정 이벤트를 벌였다. 그리고 막 시작한 작은 출판사에서 나온 책 5종도 출간될 때마다 자비로 사서 증정 이벤트를 했다. 나도 그 출판사에서 나온 책을 바람 님으로부터 또 선물 받았다. 이런 경우도 처음 겪는 일이었다.

어느 주말에 드디어 바람 님을 만났다. 내가 상상했던 것보다 더 맑고 고운 심성을 가진 이였다. 노란 개나리꽃에 앉아 있는 부드러운 봄 햇살 같은 인상과 음성을 지니고 있었다. 신뢰감이 많이 가는 사람이었다. 나보다 한참이나 어린 사람인데도 세상을 살아가는 방법은 훨씬 성숙한 사람이었다.

"자비까지 들여 왜 증정 이벤트를 하나요?"

가장 궁금한 내용을 물었더니 바람 님이 이렇게 답했다.

"첫 번째는 '지니고 싶은 가치의 나눔'이에요. 정보가 범람하는 시대에 살기에 오히려 길을 잃는 것은 아닌가 합니다. 분명히 우리에게 양보할 수 없는, 가치 있는 정보가 있고, 그것이 담긴 책을 발견했을 때는 다른 무엇과도 바꿀 수 없는 기쁨을 느끼죠. 좋은 걸 보면 나누고 싶은 단순한 마음입니다.

두 번째는 책을 읽지 않는 시대라고 하는데, '출판사와 작가님에 대한 응원'의 마음이에요. 쉽지 않은 길이지만 누군가 함께하고 있고, 응원하고 있다는 표현이랄까요. 포기하지 마시고 계속 그 길을 가 주셔서 앞으로도 독자로서 좋은 책을 누리게 해 달라는 부탁의 마음이기도 합니다.

세 번째는 온라인을 통해 연결된 인연이지만 '소중한 분들에게 선물을 하고 싶은 마음'이에요. 글을 통해 교류하고 교감하는 분들에게 작으나마 드릴 수 있는 선물입니다. 실제로 얼굴을 뵌 분들은 한 손으로 꼽을 만큼 소수이지만 마음이 연결되어 있다고 느끼는 분들입니다."

바람 님은 앞으로도 좋은 책, 좋은 출판사, 좋은 작가를 만나게 된다면 증정 이벤트를 계속할 생각이란다. 좋은 가치가 있는 책을 좋은 사람들과 나누고 싶어 하고, 작은 출판사와 작가를 응원하려는 마음이 따스한 봄바람 같다.

이해인 수녀님이 만든 '누구라도 코너'와 바람 님이 처음 보내준 책 한 권을 물질적 잣대로 보면 특별한 일이 아닐 수도 있다. 그러나 나에게는 커다란 진동을 주는 일이었다. 따뜻한 마음이 없다면 생각할 수 없는 일이기 때문이다. 누군가 이미 한 일들은 큰마음 들이지 않고도 할 수 있다. 만약 내가 앞으로 다른 사람의 책 증정 이벤트를 벌이거나 '누구라도 코너'를 만든다면 그다지 큰 에너지가 들어가지 않을 것이다. 이미 본 것을 흉내 내는 것이기 때문이다. 그런데 또 다른 방법으로 하려면 얼마나 많은 생각을 해야 할까? 그것은 대상에 대한 사랑이 없으면 어려운 일이다.

이해인 수녀님이나 바람 님이 처음 그 생각을 할 때는 여러 밤을 뒤척이지 않았을까? 나도 어떤 일을 할 때는 그랬다. 특히 다른 사람을 위해 하는 일은 더 많은 고민과 생각이 뒤따랐다. 상대방 마음까지 헤아려야 하기 때문이다. 만약 그렇지 않다면 그것은 평소에도 늘 그런 마음으로 살아가기 때문일 것이다. 어느 쪽이든 그들의 아름다운 행동이 나에게 크나큰 진동과 파문을 준 것임에는 틀림없다.

은은한 향기 나는 이야기를 알아갈 때마다 그 이야기는 편지가 되어 내 가슴속으로 날아온다. 차곡차곡 그렇게 쌓인 편지 때문에 내가 딛는 걸음에도 힘이 얹힌다. 나도 그 나눈 마음을 다른 이들에게 나누고 싶어지기 때문이다.

> 그대가 값진 삶을 살고 싶다면
> 날마다 아침에 눈을 뜨는 순간
> 이렇게 생각하라
>
> '오늘은 단 한 사람을 위해서라도 좋으니
> 누군가 기뻐할 만한 일을 하고 싶다'고
> — 프리드리히 니체, 〈값진 삶을 살고 싶다면〉

사랑은 사랑을 낳고, 노여움은 노여움을 낳는다. 사랑 받은 이의 마음엔 사랑으로 가득 차 사랑을 나눌 수밖에 없고, 노여움으로 가득 찬 이들은 그 노여움을 어쩌지 못해 누군가에게 퍼줄 것이다. 이해인 수녀님의 나눔을 받은 이들은 나눔을 품을 것이며, 바람 님의 나눔을 받은 이들 역시 나눔을 품을 것이다.

품어진 것들은 언젠가 낳게 마련이다. 낳은 것을 기꺼이 나눌 수 있는 사람은 받았을 때의 마음을 기억하기 때문이다. 받은 감동을 온몸으로 체험했기 때문이다. 세상이 어둠을 누르고 밝은 빛이 존재하는 것은 이런 아름다움이 순환하기 때문이다.

나도, 단 한 사람이라도 좋으니 아침에 눈을 뜨면 생각해보자. 누군가 기뻐할 만할 일을!

《누구라도 문구점》
김화경 그림, 이해인 글, 헌북스

바느질하는 여자들

　그날 전시장에 들어가지 않았다면 지금까지도 최향랑 작가의 그림책들을 만나지 못했을 것이다. 《숲 속 재봉사》, 《숲 속 재봉사의 꽃잎 드레스》, 《숲 속 재봉사와 털 뭉치 괴물》, 모두 소꿉놀이 장난감처럼 오빌소밀한 소녀 취향 그림들이기 때문이나. 내 취향이 아니라는 말이다. 책 속 그림들은 말린 나뭇잎과 풀, 꽃, 콩깍지, 실뭉치, 돌멩이, 씨앗, 조개껍데기, 뜨개질 소품 등으로 꾸며져 있다.
　홍대 근처로 그림책 심리학 강의를 들으러 가는 길에 최향랑 작가의 그림책 원화 전시 포스터를 보았다. 원화는 인쇄물과 다르다. 명화든, 이름 없는 작가의 그림이든 확연히 다르다. 그림책 원화 역시 마찬가지다. 생생함이 있고 작가의 개성을 더 잘 볼 수 있다. 그래서 올라가보았다.
　전시장엔 최향랑 작가가 다소곳하게 앉아 있었다. 작가의 설명을

들으며 작품을 감상하던 나는 그만 작품들의 아름다움에 홀리고 말
았다. 알면 사랑한다더니 '오밀조밀'은 '아기자기'로 바뀌었다. 하나
하나 꽃을 따서 말리고, 그 말린 꽃을 꺼내놓고 작가는 상상의 나래를
펼쳤으리라. 그것들은 옷이 되기도 하고, 구두, 리본, 신발이 되었다.
주워온 돌멩이와 조개껍데기, 옷핀, 종이 옷, 레이스 등이 어쩜 그리
잘 어울리는 그림이 되었는지 절로 감탄하게 했다. 그림만 멋진 것이
아니라 책 속 내용도 훌륭했다.

옷 만들기를 좋아하는 '숲 속 재봉사'는 나무와 꽃이 에워싼 작은
집에 살았다. 굴뚝에서 레이스 연기가 모락모락 피어오르고 있다. 방
안에서는 재봉틀 돌리는 소리와 천이 움직이는 소리, 바느질하는 소
리만 가득했다. 이 하늘 저 하늘에서 새들이 날아와 숲 속 재봉사에게
멋진 옷을 부탁했기 때문이다. 높은 산 낮은 산 동물들도 앞다투어 부
탁했다. 숲 속 재봉사는 밤이고 낮이고 옷을 만들어야 했다.

온종일 서쪽 방에 스스로를 가두고 바느질하던 수덕(김숨의《바느질
하는 여자》주인공)도 그러했다. 마치 바느질을 하기 위해 태어난 사람
처럼 종일 땀을 떴다. 깊고 어두운 속에서 고독한 시간에 갇혀 있는
우물물처럼 수덕은 세상으로부터 숨은 채 바느질을 했다.

내 아는 사람 가운데 바느질을 업으로 사는 이는 오직 한 사람이
다. 규방공예가 권의단이다. 최근 블로그를 통해 알게 되었다. 25년
가까이 손에 바느질을 쥐고 있다. 숲 속 재봉사도, 수덕도, 권의단도

도쿄에서 전시한 규방공예가 권의단의 작품과 그녀가 바느질을 가르치는 모습

어찌 한눈 안 팔고 한 우물을 파는 것일까? 어떤 점이 그들을 바느질로 몰아갔을까?

　많고 많은 직업 가운데 왜 규방공예를 하게 되었는지 물었다. 권의단이 어렸을 때 생각하기를 자신은 자라면 미술 학원 선생을 할 줄 알았단다. 그러나 공예과에서 공부하면서 섬유에 관심이 생겼다. 학교를 졸업하고 작업실을 갖게 되었는데, 그것이 오늘에 이르렀다.

　수덕의 삶은 바늘로 시작되고 바늘로 끝이 났다. 바늘을 통해서만 세상과 교류하고, 바늘로써 인정을 받았다. 반복되는 바늘땀을 뜨면서 아름다움에 도달했다. 자기 수양과 인내, 극기에 가까운 절제를 통해 최상의 아름다움에 도달했다.

어렸을 때부터 바느질하는 엄마를 보고 자란 수덕의 두 딸도 성장해서 바느질 세계로 들어섰다. 《바느질하는 여자》가 워낙 강렬했기 때문인지 나는 권의단 어머니도 한복집을 한 줄 알았다. 그런데 그런 것은 아니고 솜씨가 좋아 옷을 직접 만들거나 뜨개질을 해서 권의단과 그녀 형제들에게 입혔다고 한다. 그녀는 그런 어머니 밑에서 자라 다른 엄마들도 다 그런 줄 알았다고 한다. 권의단이 어머니 영향이라면 그런 손재주라고 한다.

그렇게 모두들 꿈꿔왔던 옷을 입어보았어요.
그리고 한바탕 잔치가 벌어졌어요.

모든 숲 속 동물들이 숲 속 재봉사가 만들어준 옷을 입고 한자리에 모였다. 춤을 추며 신이 나서 한바탕 놀고 있다. 숲 속 재봉사도 얼굴에 웃음을 한가득 머금고 그들과 함께 잔치를 즐기고 있다.

권의단은 바느질을 하다 보면 무아지경에 빠지곤 한다. 내면으로 파고드는 자신의 성격에 잘 맞았다. 무언가를 만들어서 완성했을 때 큰 기쁨을 느낀다. 필요한 사람이 기다렸다가 그 물건을 가져가면서 좋아할 때 보람을 느낀다. 하향 산업이 되면서 한복을 접었는데도 "꼭 당신에게 맞춰야 한다"며 찾아오는 손님이 있을 때면 더없이 뿌듯하다.

생활 속에 녹아야

"규방공예의 가치가 뭐라 생각하나요?"

권의단에게 물었더니 그녀는 바느질을 하다 보면 자신을 돌아볼 수 있다고 한다. 세상은 눈이 핑핑 돌 정도로 빠르게 변하고 있다. 대량 생산을 하고, 일회성 상품도 많다. 그런 속에서 바느질은 함부로 쓰는 생각을 일깨워준다고 한다. 그러고 보니 그녀의 생활은 소박하다. 화장조차 안 하고 맨얼굴로 수강생들 앞에서 바느질을 가르친다. 꾸미지 않고 있는 그대로를 보여주는 모습은 바느질에서 우러난 것이라 미루어 짐작된다.

"규방 공예는 생활 속에 녹아내는 것이어야 합니다!"라고 권의단은 말했다. 그리고 '오직 그 사람만을 위한 물건'을 만드는 것이 자신이 추구하는 바라고 덧붙였다. 글 쓰는 **목수** 김윤관도 "공예란 생활과 함께 숨 쉬는 것 혹은 생활 그 자체였다."고 말한다. 하지만 언젠가부터 그 자리에 디자인과 공산품이 자리 잡으면서 생활에서 쫓겨났다고 한다. 그러면서 공예 없는 생활이란 황폐하고 품격이 없기 때문에 원래의 그 자리로 되돌아와야 한다고 말한다.

어느 날 숲 속 재봉사는 눈이 침침하고
어깨가 욱신욱신 쑤셔 오는 걸 느꼈어요.

만들던 옷을 옆에 내려놓고 한숨 자고 일어나야겠다던 숲 속 재봉사는 아직 깨어나지 않았다. 권의단도 끝까지 바느질을 하고 싶다고 했다. 물론 손바느질만을 고집하지는 않는다. 재봉틀을 이용해서 예쁘게 만들 수 있는 것이 무궁무진하므로 두 가지를 이용하여 새로운 상품을 만들어낼 것이라 한다. 세상은 변해가는데 전통만 고집할 수는 없다. 생활에 녹여내려면 당연히 현실에 어울려야 할 것이다.

동물들이 재봉사에게 맞춘 옷은 그들이 꿈꿔왔던 옷이다. 그 '꿈꿔왔던 옷'이 바로 권의단이 말하는 '지금의 생활에 녹아든 것'이다.

> 과녁을 제대로 맞추지 못하고
> 조금 비껴가는 화살처럼
>
> 마음 한가운데를 맞추지 못하고
> 변두리를 지나가는 바람처럼
>
> — 최동호, 〈홀로 걸어가는 사람〉에서

요즘은 프랑스 자수가 유행인가 보다. 한때는 스킬자수, 십자수가 유행하기도 했다. 바느질도 유행을 타고 있다. 전통 바느질의 끈을 잇고 있는 규방공예를 비롯한 바느질이 사라지지는 않겠지만 대중적이지 못한 것은 사실이다. 많은 이들의 마음 한가운데를 '맞추지' 못하는 것인지, 일반인들과 만날 공간이 없는 것인지 보편적인 공예라고는 할 수 없다. 권의단은 좋아하는 사람들과 관계를 맺으면서 키워나가야 한다고 말한다.

그리고 "요즘 명장이니, 아무개 공예가니 하는 명성을 더 중요시하는데, 그것보다는 애정을 담아 만들어서 소중한 사람에게 그 가치가 이어지는 것이 훨씬 가치 있다."고 힘주어 말했다. 그러기 위해서는 소비자들도 안목을 키워야 한다고 한마디 조언하는 것도 잊지 않았다. 결국은 사람들이 자신의 삶과 어떻게 조화를 시키느냐에 따라 공예품이 완성된다고 하겠다.

중심에서 벗어난 일이지만 바느질의 가치를 알고 있기에 모래 날리듯 한 땀 한 땀 뜨며 한평생 가겠다는 권의단의 마음이 애틋하다. 느릿느릿 뒷등 보이며 걸어가는 그 모습이 짠하지만 아름답기도 하다.

《숲 속 재봉사》
최향랑 글·그림, 창비

사무치면 꽃이 핀다

　책장에 글쓰기 관련 책이 두 칸이나 꽂혀 있다. 50권도 더 넘는다. 한 칸에 있는 것들은 청년시절에 샀고, 다른 한 칸에 있는 것들은 40세 전부터 최근까지 사온 것들이다.

　책장은 주인의 욕구를 날것 그대로 보여준다. 청년 시절에 샀던 글쓰기 책들은 대부분 소설작법에 관한 것이고, 중년에 샀던 것들엔 '글쓰기' '책 쓰기'라는 단어가 붙어 있다. 장르는 다르지만 초등학교 6학년 때부터 책 내고 싶어 한 꿈이 변하지 않았음을 보여준다. 호기심이 충만하여 관심 영역이 널뛰듯하는 내가 오래도록 같은 꿈을 꾸어왔다는 사실은 스스로도 대견하다 여겨진다. 책이 뭐길래, 이토록 질긴 욕구를 가지고 있었을까!

　마음에 품으면 그와 관계된 것들이 속속 눈에 띄게 마련이다. 따라서 글쓰기나 책 쓰기, 또는 작가라는 단어가 붙은 책이 보이기라도 하면 따져볼 것도 없이 샀다. 정작 그것들에게서 직접적인 영향을 받지 못했으면서도 말이다. 다른 책들보다 오히려 휘발성도 강했다. 그러면서도 비슷한 책을 발견하면 혹시나 하면서 또 산다. 중년 시기에 산 것만 해도 30권에 가깝다.

《작가는 어떻게 책을 쓸까?》도 보는 순간 망설이지 않고 사버렸다. 첫 책을 내기 전이었으니 그림책일지라도 내 호기심을 완벽하게 자극하는 제목에 넘어가지 않을 수 없었다.

이 책은 나란히 이웃해 살고 있는 일반 작가와 그림책 작가를 주인공으로 하여 책이 만들어지는 전 과정을 보여주고 있다. 이 책 역시 한 번 읽고 다시는 들춰보지 않았는데, 책을 내고 나서 읽어보니 두 주인공 이야기에 내 이야기가 자꾸만 끼어들었다.

먼저 작가들은 별의별 순간에도 다 책을 쓸 궁리를 한다는 점에서 고개가 끄덕여졌다. 사노 요코나 무레 요코 책을 읽어보면 일기처럼 거의 날마다 기록해두었다가 글을 썼다는 것이 느껴진다. 청중들을 들었다 놨다 하는 스타 강사 김미경은 누군가를 만나면 상대방이 말하는 것을 잘 메모해두었다가 강의 소재로 쓰거나 책을 쓴다고 한다.

나는 날마다 뭔가를 해나간다는 것에 영 자신이 없다. 따라서 일기를 오래 써본 적도 없고, 가계부는 더더욱 그러하다. 다이어리에 간단명료하게 적어나가는 일도 없다. 그렇다고 시도를 안 해보았다는 말은 아니다. 일기장, 가계부, 다이어리 등을 마련해놓고 첫날 이튿날은 정성을 다해 쓴다. 그러나 반복적인 행위에 금방 질려버려 포기해버리고 만다.

그런데 블로그 글쓰기는 달랐다. 날마다 책을 한 권씩 읽고 리뷰를 1년 동안 하루도 빠짐없이 썼다. 그 시기를 지나서도 어느 특정한 때를 빼면 거의 날마다 글을 썼다. 한 분야에 그치지 않고 사진글이나 영화 리뷰 또는 여행글들을 씨줄날줄 엮듯 썼다. 그러나 한 우물 파는 성격이 못 되므로 스페셜리스트 되기는 틀렸다. 과거 같으면 결코 '성공'할 타입이 못 된다. 지금도 한 우물 파는 전문가가 인정을 받는 시대지만 다행스럽게도 여러 가지를 하되 한두 가지 깊게 들어가는 T자형 스타일이 인정을 받는 추세다.

생애 첫 책인 《책 사랑꾼 이색 서점에서 무얼 보았나?》도 먼저 기획하고 책을 쓰기 위해 책방을 돌아다녔다면 지쳐서 중간에 주저앉아버리고 말았을 것이다. 나는 반복을 싫어하지만 좋아하는 것이라든가 내용이 다채로운 것이라면 오래 할 수 있다. 그래서 개성 강한 책방들을 돌아다니는 것이 가능했다. 책방을 다녀온 뒤 블로그에 탐방기를 썼다. 그것이 책 쓰는 데에 많은 도움이 됐다. 결론적으로 말하자면, 이색 서점이 궁금하고 놀라워서 다니다가 우연한 기회를 얻어 그 탐방기가 책으로 엮여 나온 것이다. 따라서 내 첫 책은 잘 짜여진 기획작품이 아니다.

지금까지 특별히 글쓰기 소재를 찾기 위해 애를 많이 쓰지는 않았다. 마음 가는 것을 따라가다 보니 블로그에 글이 쌓이고, 그걸 바탕으로 새롭게 구성하여 책을 쓰게 되었다.

책 쓸 기회는 그야말로 생각지도 않은 곳에서 왔다. 책을 쓰고 싶다는 열망이 있었기에 책 쓰기 강좌가 있는 곳들 앞에서 서성거려봤지만 발을 들여놓지는 못했다. 가장 큰 이유는 책에 쓸 콘텐츠를 못 찾았기 때문이다. 또 하나는 너무 많은 책이 쏟아져나와 흥미를 약간 잃기도 했다.

석사 학위로 동네책방에 대한 논문을 썼을 때 한 책방 대표님으로부터 그걸 다듬어서 책을 내보라는 말을 들었어도 선뜻 용기가 나지 않았다. 그러나 독서 프로젝트를 너무 힘겹게 완성했기에 기록 차원에서라도 그에 관한 책은 쓰고 싶었다.

책 쓰기 강좌가 열풍인 가운데 마침 한 출판사에서 운영하고 있는 책 쓰기 아카데미에서 장학생 한 명을 뽑는다는 공지를 보았다. 그 출판사는 책을 내고 싶어 하는 사람들의 열망을 타고 출판 불황 속에서도 높은 성장을 하고 있었다. 수강료가 수백만 원인데도 강좌를 들으려고 하는 사람들이 줄을 서고 있었다. 아카데미를 수료하고 글을 써낸 사람들 가운데엔 그 출판사에서 출간하는 사람이 대부분이었다.

별 기대 없이 신청서를 썼다. 왜냐하면 그 출판사의 책들은 대부분 비즈니스에 관한 책이어서 인문서나 문학서에 분류될 내 콘텐츠는 뽑아줄 확률이 낮아 보였기 때문이다. 그냥 내보기나 하자고 동네책방과 독서 프로젝트에 관한 콘텐츠로 신청서를 써냈다.

보름 정도가 지나 발표가 났다. 신청자가 무려 83명이었는데 뽑

히는 사람은 단 한 명. 그 사람은 엄청난 행운을 거머쥔 사람이 아닐 수 없을 거라 생각했다. 그런데 당선자에 내 이름 석 자가 떡하니 적혀 있는 게 아닌가. 난 내 이름을 본 순간 엄청난 하이톤으로 비명에 가까운 소리를 질렀다. 심사위원이 세 명이었는데, 두 명이 외부 심사위원이어서 가능하지 않았나 생각한다. 그리하여 책 쓰기 강좌를 9주 동안 무료로 배우고 집필에 들어갔다.

작가들도 때로는 생각이 꽉 막혀버리기도 합니다.

    책 분야 파워블로거이고 블로그에 글을 쓴 지 5년이 지났는데도 막상 원고를 쓰려니 막막했다. 좀 과장해서, 블로그 글 쓸 때는 자판에 손가락을 올려놓으면 저절로 글이 나아갈 정도였다. 그런데 틀이 달라서였을까. 아무것도 없는 흰 워드판 위에다 글을 쓰려니 첫 말을 어떻게 시작해야 할지 막막하기만 했다.
    원인은 글쓰기판 문제가 아니었다. 그동안 블로그에서는 일방적으로 내가 하고 싶은 말을 했는데, 책 쓰기는 독자를 염두에 두고 써야 했기 때문이다. 처음으로 독자를 머릿속에 그리면서 쓰자니 생각이 나아가지 않았다. 게다가 블로그 이웃들은 댓글에 호의적인 말들을 남겨서 정말로 내 글이 좋다는 착각을 하게 만든다. 나 역시 이웃 블로그에 가면 마음에 안 드는 점은 숨기고 좋은 말만 하고 오는 경우가 대부분이다. 날마다 글로 만나는 사람인데 얼굴 붉힐 내용을 쓸 이유가 없지 않은가. 블로거들에게는 댓글이 큰 응원의 메시지가 되지만 책을 쓸 때는 때로 걸림돌이 될 수도 있다는 것을 체험했다.

장학생 신분이라는 부담감도 컸다. 성과를 보여줘야 한다는 책임감이 내 마음을 짓누르고 있었다. 수강료가 일이십만 원도 아닌 수백만 원짜리이니 수혜를 입은 만큼 부담감도 무거웠다.

그래도 집필에 온 힘을 쏟아부었다. 밥 먹는 것 빼고는 노트북 앞에 앉아 씨름했다. 논문을 썼고, 블로그에 쓴 글이 있어 다른 사람보다는 훨씬 쉬웠을 것이다. 50퍼센트 정도는 블로그 도움을 받았다. 그리하여 12월 중순에 시작하여 2월 초에는 탈고할 수 있었다.

생애 첫 투고를 하다

광화문 교보문고에 가서 내 글 스타일과 맞는 책을 출간한 출판사 이메일 주소를 적어왔다. 기획서와 샘플 원고 6편을 출판사에 투고했다. 답변을 기다리는 시간은 피 말리는 시간이었다. 무슨 답변이 왔는지 수시로 메일함을 열었다. 수십 군데 보낸 곳에서 반 정도만 내 메일을 확인했고, 그 가운데 많은 곳에서 답변이 왔다. 대부분 1~2주 안으로 검토해서 답변을 준다거나, 자신의 출판사와 맞지 않는다는 답변도 있었다. 그런 곳들에서 재답변이 오는 일은 드물다. 거절 내용이기 때문이다.

작가들은 대부분 거절한다는 편지를 받습니다.
그중에서 어떤 편지는 격려가 됩니다.
어떤 것은 안 그렇고요.
이 출판사는 작품 보는 눈이 없네!

긍정적인 답변도 꽤 있었다. '다른 서점 관련 책들은 소개하기에 급급한데 선생님 원고는 읽는 맛이 있다.'라거나 '원고는 좋으나 시기가 너무 늦었다.' 또는 '너무 알려진 서점 위주로 써서 아쉽다'는 답변도 받았다. 내부 회의를 거쳐서 다시 연락을 주겠다는 곳도 있었다. 이런 곳은 다시 답변을 줬다.

거절이라 해도 구체적인 칭찬을 보내준 글들은 내 자존심을 살려줬다. 아주 꼼꼼하게 분석하여 보내준 답변도 있었는데 얼굴이 화끈거렸지만 감사했다. 겸허하게 받아들일 내용이었기 때문이다. 하지만 한편으론 나도 '이 출판사는 작품 보는 눈이 없네!'라는 생각을 하기도 했다. 세계 최고의 베스트셀러인 〈해리포터〉 시리즈의 첫 원고를 본 한 출판사도 '글이 너무 길고 전개가 매우 느리며 지나치게 문학적'이어서 출간을 원치 않는다고 했다. 나중에 얼마나 가슴을 치고 후회를 했을까? 물론 이런 사연들을 알고 있다 해도 거절 답변을 받고 아무렇지 않을 수는 없다.

한 출판사 대표님이 미팅하자는 연락을 했다. 심장이 두근거리는 마음으로 출판사로 가서 대표님, 편집장님과 미팅을 했고, 일주일 후에 계약하기로 결정했다. 다시 가서 계약서에 도장을 찍고 온 날, 전체 원고와 사진을 보냈다.

그날 밤 잠자리에 누웠는데 덜컥 겁이 났다. 이제 책 나올 일만 남았으니 마냥 기쁠 줄 알았는데 그게 아니었다. 혹시 출판사에서 원고를 다 검토하고 실망이나 하는 것은 아닐까 하는 생각이 들었기 때문이다.

다행히 일은 진행되어 출간을 위한 일이 시작되었다. 출판사에서 교정을 본 원고가 오면 나도 교정에 들어갔다. 일본에 있었기 때문에 인쇄해서 볼 수는 없었고 컴퓨터 모니터로 보아야 했다. 교정은 출판사와 함께 세 차례에 걸쳐서 했다. 원고를 받으면 그 자리에서 하루 종일 살피고 또 살펴서 바로 보냈다. 원래 바로바로 일을 처리하는 습관이 있기도 하지만 하루라도 빨리 내 이름이 박힌 책을 만나고 싶었기 때문에 하루나 이틀 정도면 다 끝내고 보냈다.

이제 책이 완성되었습니다.

하지만 작가들은 슬슬 걱정이 되기 시작합니다.

책이 독자들 눈에 띌까요?

독자들이 책을 마음에 들어 할까요?

드디어 내 생애의 첫 책이 무더위를 뚫고 집으로 배달되어왔다. 종이가 귀하던 시절 갱지를 반으로 접어 송곳으로 구멍을 내고, 거기에 실을 꿰어 묶고, 색도화지로 겉표지를 만들던 일이 떠올랐다. 거기에 동화를 쓰면서 언젠가는 책을 낼 것이라는 어린 여자아이가 오십 넘어서 그 포부를 이뤘으니 그 감격을 무슨 말로 표현할 것인가. 박노자 교수가 어딘가에서 "마음이 사무치면 꽃이 돼 있"다고 했던가.

문화교양지 《출판저널》의 정윤희 발행인은 모든 책들에게 이런 찬사를 보내기도 했다.

> "책이란 공룡의 발자국, 나뭇잎 화석과 같다. 대단하거나 혹은 보잘것없는 생명체일지라도 고고학적인 측면에서 보자면 모두 중요한 사료이다. 먼 훗날 2017년을 살았던 사람들의 이야기가 궁금할 때 지금 우리가 쓰고 출판한 책을 통해서 분석할 것이다. 때문에 올해 탄생한 책들이 모두 베스트셀러가 아닐지라도, 많은 독자들이 알아주지 않는 이름 없는 책일지라도, 탄생한 모든 책들은 생명력을 가지고 있다."

하지만 생애 첫 책을 출간했다는 감격도 잠시, 또 다른 걱정이 밀려오기 시작했다. 내 책을 읽은 사람들이 무슨 평을 할 것인가에 대한 두려움 때문이었다. 대형 서점에 가서 내 책이 매대에 깔려 있는지도 보고 싶었지만 발길이 떨어지지 않았다.

그런데 생각보다 반응이 빨리 왔다. 교보문고에서 출간 후 이틀 정

도쿄 진보초에 있는 한국 책방 '책거리'에서 북토크 하는 모습

도가 지났을 때 '오늘의 책'으로 선정됐다. 그래서 온라인 교보 사이트에는 내 책 옆에 카드 뉴스가 같이 올라가 있다. 블로그 이웃들이 하나둘 좋은 평으로 리뷰를 써서 올렸고, 내가 모르는 독자들도 대부분 좋은 내용으로 리뷰를 써서 인터넷에 올렸다. EBS 라디오 출연 요청, 한국출판진흥원의 강연 요청, 문화 잡지에서 원고 청탁, 책방 강의 요청 등이 들어왔다. 대학과 고등학교, 책 관련 사이트에서 추천 도서로 선정이 되기도 했다.

첫 번째로 내가 한 활동은 그동안 함께 소통해왔던 이웃들을 초

책 출간 후 과천 동네책방 '타샤의책방'에서
첫 사인회 행사를 가졌다.

대해 북토크를 연 것이다. 그리고 과천의 동네책방인 타샤의책방에서 사인회도 열었다. 그 뒤로도 한국과 일본의 작은 책방에서 북토크를 수차례 열어 독자들을 만났다. 내가 사는 안산의 대동서적 본점에서는 내 추천사와 함께 내가 추천하는 책을 따로 진열하는 코너를 마련해주기도 했다.

  책을 내고 나서 가장 기쁜 일은 어릴 적 꿈을 이뤘다는 점이지만 후반 인생엔 책을 읽고 글을 쓰고 싶다는 내 바람을 실현한 점이다. 또한 나에 대한 신뢰도가 더 높아져서 자존감은 물론 두 번째 책을 쓸 수 있다는 확신을 심어주었다. 그래서 나는 1994년 이후 가장 큰 더위가 왔다는 2018년 폭염 속에서 두 번째 책을 쓰기 시작했다.

책은 내게 아주 큰 것을 안겨주었다. 사람들은 내게 '작가'라는 호칭을 쓰기 시작했다. 나도 책 한 권이라도 쓴 사람에게 작가라는 호칭을 쓰지만 나 스스로에게는 아직 쓰지 않는다. '작가'라는 말은 어렸을 때부터 소설가나 시인들에게 붙여야 한다고 생각했기 때문이다. 요즘에야 문학 분야 쪽이 아닌 사람들에게도 이 호칭을 쓰고 있다. 하지만 누군가 말했다. 적어도 2권이나 3권 이상의 책을 쓴 뒤 작가라는 호칭을 써야 한다고. 나도 그 말에 동의한다. 그러므로 나는 지금 저자이지 작가는 아니다.

책이 나오고 나서 출판사에서 명함을 만들어줬다. 물론 디자인은 내가 부탁한 대로 앞면을 책 표지로 했다. 뒤에는 이름 앞에 '글 쓰는 사람'이라고 썼다. 오래진부터 이 명함을 갖고 싶었고, 블로그에도 글을 많이 쓰고 있으니 글 쓰는 사람이 맞다. 2권을 쓰고 나면 누가 작가라고 불러도 덜 쑥스러울 것 같다. 그런데 나는 '글 쓰는 사람'에서 '읽고 쓰는 사람'으로 바꾸고 싶다. 쓰는 것 못지않게 읽는 것에도 큰 즐거움을 누리고 있는 사람이기 때문이다. 대부분의 작가들도 읽고 쓰는 사람이다.

안도현 시인은 바람이 부는 까닭을 미루나무 한 그루에서 보았다. 미루나무 이파리 수천, 수만 장이 제 몸을 계속 뒤집었다 엎기 때문이라는 것이다.

세상을 흔들고 싶거든
자기 자신을 먼저 흔들 줄 알아야 한다고

― 안도현, 〈바람이 부는 까닭〉에서

목이 마르면 우물을 파게 되고, 우물을 파다 보면 물을 얻을 수 있다. 누구나 갈망하는 일이 있으면 열심히 하게 된다. 그러다 보면 분명 기회를 만들기도 하고 생각지도 않게 만나게도 된다. 내가 책을 쓰고 싶어 했던 일을 오랜 시간 꿈꾸었더니 이루어진 것처럼 말이다. 그래서 먼저 수도 없이 자신을 흔들어야 하는 게 맞다. 어지러워서 쓰러지는 한이 있더라도!

《작가는 어떻게 책을 쓸까?》
아이린 크리스틀로 글·그림,
이순미 옮김, 보물창고

2
책과 책을 잇는 그림책

 ## 기다린다는 것은 믿는 것이다

작은딸은 유난히 전화를 많이 해서 나를 애먹이곤 했다. 일을 하고 있는 중에도, 누구를 만나고 있는 중에도 끊임없이 전화를 해서 언제 오는지 물었다. 이것은 초등학교 때까지 계속되었다. 전화를 안 받으면 혹여 교통사고라도 난 것은 아닌지 불안에 떨었다고 한다. 아이에게는 엄마가 최고의 안식처이므로 그럴 수 있다지만 내게는 적지 않은 부담이었다.

거기에 견주면《엄마 마중》에 나오는 서너 살짜리 아이는 꼬마가 아니다. 얼마나 차분한지 그것이 더 애처롭다.

골목길에 있는 계단을 얼마나 내려왔고, 또 전차 정류장까지는 얼마나 걸어 나왔을까? 그 종종걸음으로 말이다.

전차 정류장으로 나온 아가 코가 빨개졌다. 코만 빨개진 것이 아니라 얼굴도, 손도 새빨갛다. 온몸이 굳어져 마치 차렷 자세로 걷는 것 같다. 전차가 올 때마다 고개를 갸웃하고, "우리 엄마 안 오?" 하고 묻는다. 간절한 아가 맘과는 달리 차장들은 무뚝뚝하다. 모른다는 말만 하고 그냥 지나쳐버린다. 차가 멈출 때마다 엄마 손을 잡고 내리는 아이들이 있어 아가가 더 안쓰럽다.

그래도 아가는 땅바닥에 낙서도 하고, 표지판 기둥을 붙잡아보기도 하고, 쭈그리고 앉아 있으면서 무료한 시간을 보낸다. 버스를 기다리고 있는 어른들은 버스 오기를 목 빼고 기다릴 뿐 아가에게는 무심하다.

그런데 세 번째 차장은 달랐다. 내려와서 아가에게 말한다.

"다칠라, 너희 엄마 오시도록 한군데만 가만히 섰거라, 응?"

듬직한 차장의 뒷모습에 나도 마음 놓인다. 아가는 바람이 불어도 꼼짝 안 하고, 전차가 와도 다시는 묻지도 않고, 코만 새빨개져서 가만히 서 있다. 눈발이 날려도 꼼짝 안 하고, 불안해하지도 않고 의젓하게 서 있다.

짧은 글에서 많은 감정이 몰려온다. 아이의 표정과 동작, 그리고 다른 등장인물들의 모습에서 깊은 이야기가 걸어 나온다. 배경은 한참 지난 날로 데려가지만 오늘의 내게 강한 공감을 끌어낸다

평소 '그림책은 이야기가 있는 미술관'이고 '그림이 있는 시집'이라고 생각하는데 이《엄마 마중》은 더욱 그러한 책이다. 김동성 그

림 작가는 내용이 워낙 짧아서 그림책으로 만들기 힘들겠다고 생각했단다.

이 책을 처음 만나 펼쳤을 때 그림에 반해 두 번 망설이지 않고 샀다. 커다란 나무 앞으로 달려오는 전차, 초록 바람을 몰고 오는 전차, 갈매기 떼 가르며 오는 노을 속 전차들이 아득한 시간 속에서 달려오는 듯 몽환적 분위기를 연출한다. 벙거지 모자 쓰고 뚜벅뚜벅 걷는 아가도, 한복 입은 등장인물들의 모습도 정감 넘친다. 그래서 이 그림책이 마냥 슬프게 다가오지는 않는다.

다만 글 작가 이태준이 여섯 살에 엄마를 잃고, 아홉 살에 아버지를 잃었다는 사실이 가슴 아리게 했다.

이태준은 6살도 더 전에 전차 역에서 엄마 오기를 목 빼어 기다리던 그 시간이 몹시 그리워 이 글을 썼을 것이다. 눈길이 위험한 것도 모르고 나가 온몸이 얼 정도로 추운 것을 이겨내며 엄마를 기다리던 그 시간이 그래도 행복했다고 말이다.

기형도의 〈엄마 걱정〉에 나오는 화자의 마음이 엄마를 마중 나간 아가 맘처럼 느껴졌다. 사는 형편도 비슷해보인다. 아가가 자라서 그때 그 마음으로 쓴 것만 같아 시와 그림책이 하나처럼 포개졌다.

열무 삼십 단을 이고
시장에 간 우리 엄마
안 오시네, 해는 시든 지 오래

(중략)

엄마 안 오시네, 배추잎 같은 발소리 타박타박

- 기형도, 〈엄마 걱정〉에서

거친 세상에 놓여 있을지라도 믿을 수 있는 단 한 사람만 있어도 살아갈 힘을 얻는다고 한다. 아가는 친절하게 대해준 차장이 있어 추위를 무릅쓰고 언제 올지도 모를 엄마를 기다릴 수 있었다. 그리고 아가는 가장 믿을 수 있는 엄마가 곧 올 것이라는 확신이 있었기에 코가 새빨개져도 집으로 돌아가지 않았을 것이다.

할머니 자리

남편이 도쿄에 머물고 있어 덩달아 도쿄에서 적지 않은 시간을 보내다 오곤 한다.

남편 거처에서 나와 오른쪽으로 잠시 걷다가 왼쪽으로 돌아가면 늘 같은 자리에 한 할머니가 앉아 있었다. 머리가 하얀 할머니는 현관 입구에 앉아서 지나가는 사람들에게 인사를 했다. 쳐다보지 않더라도 미소 지으며 먼저 인사말을 건넨다. "곤니찌와, 잇떼랏샤이(안녕하세요? 잘 다녀와요)."

일본인들은 워낙 인사를 잘 한다. 같은 아파트에 산다면 남녀노소

가리지 않고 먼저 인사한다. 심지어 군마현에 있는 유명한 온천 관광지에 갔을 때 탕에 들어가려고 탈의실에서 옷을 홀딱 벗었는데, 그 자리에 있던 아가씨가 인사를 해서 화들짝 놀라기도 했다.

할머니도 처음에는 인사 잘 하는 일본 사람 가운데 한 분인가 했다. 그런데 도쿄에 갈 때마다 늘 보게 되는 분이었다. 같은 자리에 앉아 같은 인사를 하는 것도 여전했다. 그렇게 몇 년이 지나자 먼저 인사하는 것에 익숙하지 않은 나도 어느 날 먼저 인사를 하게 되었다.

그날도 할머니는 할머니보다 한참 젊어 뵈는 아주머니와 이야기를 나누고 있었다. 내가 먼저 인사를 드리자 두 분이 얼마나 큰 소리로 반갑게 대답을 하시던지 멋쩍을 정도였다. 내가 지나가자 할머니는 자신이 늘 먼저 인사했던 것은 잊으셨는지, "이곳에 앉아 있으면 지나가는 사람들이 다 머리 숙여 인사해."라고 했다.

어느 날 가던 길 멈추고 맘속으로만 갖고 있던 궁금증을 여쭤봤다. 지팡이를 짚고 앉아 계시지만 무척 건강해 뵈어서 연세가 알고 싶었던 것이다. 94세라 했다. 고운 마음을 지니신 분이라 건강하신지도 모른다. 얼굴도 젊은 시절엔 뭇 남성들을 많이 설레게 했을 것 같다.

할머니는 앉아 있는 그 맞은편 집에 산다. 날이 너무 춥거나 덥지 않으면 그 자리에 늘 앉아 있기에 안 보이면 남편에게 할머니를 언제 보았는지 묻곤 한다. 연세가 워낙 있으셔서 언제 일 당하실지 모

"이곳에 앉아 있으면
지나가는 사람들이 다
머리 숙여 인사해."

르니 말이다.

구십이 훌쩍 넘은 할머니에게 더 이상 무슨 소일거리가 있겠는가. 집 안에만 있으면 답답하니 골목으로 나와 있을 게다. 그나마 사람들 보는 재미가 할머니 건강을 유지시켜주는 비결이 아닌가 싶다.

특별히 기다리는 사람은 없지만 다소곳이 앉아 지나가는 모든 사람을 눈으로 좇으며 인사하는 할머니 모습은 《엄마 마중》에 나오는 아가 모습을 떠올리게 했다. 기다리는 모습도, 순하고 맑은 눈빛도 아가와 다르지 않았다.

먼저 인사를 건네면 상대방도 웃으면서 대답해주리라는 믿음이 있기에 할머니는 늘 그 자리를 지키며 사람들을 맞고 있으신 게다.

용이 마중

슬프고 애틋하기로 치면 연인들 이별만 하랴! 나와 남편에게도 그런 시기가 있었다. 결혼 전 서로 정이 깊어질 무렵 남편이 일본으로 공부하러 갔다. 공항에서 배웅하고 돌아설라 치면 다리가 후들거렸다. 그래서 한동안 공항이란 말만 들어도 슬픔이 차오를 정도였다.

"그놈이 글을 배웠더라면 시인이 되었을 게고 말을 타고 창을 들었으면 앞장섰을 게고 부모 묘소에 벌초할 때마다 머리카락에까지 울음이 맺히고 여인을 보석으로 생각하는, 그렇지요. 복 많은 이 땅의 농부요."

《토지》에 나오는 최 참판가 최치수는, 용이가 글을 배웠으면 시인이 되고, 말을 타고 창을 들었으면 앞장섰을 것이라 말한다. 부모 묘소에 벌초할 때마다 머리카락에까지 울음이 맺히고 여인을 보석으로 생각하는 복 많은 땅의 농부라고도 한다. 시인이 될 만큼 감수성도 있고, 의리도 있고 정도 많은 사내임에 틀림없다. 그러나 용이는 첫 번째 부인이었던 강청댁하고도 정을 붙이지 못했고, 강청댁 죽은 후 연민으로 재혼한 임이네에게도 살뜰히 대해주지 못했다.

용이 마음속에는 월선이 있었기 때문이다. 무당 딸 월선을 사랑했으나 상민이었던 용이는 신분 차이로 헤어졌다. 그렇다 해도 마음까지 속일 수는 없는 법. 월선도 스무 살 연상인 봇짐장수에게 시집갔지만 잘 살지 못하고 되돌아와 읍내에서 주막집을 한다.

월선도, 용이도 애를 써봐도 서로를 향한 갈구를 떨쳐버릴 수가 없었다. 용이 몸은 평사리에 있어도 마음은 늘 읍내 주막집을 향해 있었다. 일부러 장에 가서 월선을 만나고 오곤 했다.

악독하고 졸렬한 조준구가 최 참판가로 들어와 행패를 부려 마을 사람들이 습격한 일이 있었다. 용이도 그 일에 동참했다가 산으로 도피한다.

결혼 전 남편이 도쿄에서 국제전화로 잘 있다는 소식을 종종 알려도 보고 싶은 마음은 가득했다. 그런데 용이가 죽었는지 살았는지조차 알 길 없으니 월선 속이 까맣게 타 들어갈 수밖에…….

월선은 엄마를 기다리는 아가처럼 나루터로 나가 용이를 마냥 기다린다. 설렁한 강바람에 마음은 자꾸만 움츠러든다. 흰 모래밭에 떨어져 있는 도토리나무 잎새에 남아 있는 물기를 보고도 용이가 어느 골짜기에서 남은 목숨 굴리고 있을까 싶어 애닯다. 달려오는 소달구지가 오른편으로 가면 길조, 왼편으로 가면 흉조라 점도 친다. 불 지

피며 솔잎이 짝이면 길하고 홀이면 불길하다 여긴다. 벌레가 방을 향해 기어들어오면 좋은 징조, 나가면 나쁜 징조로 본다. 눈에 보이는 모든 것에 점을 치면서 용이와 연결시킨다.

정류장 앞에서 엄마 탄 전차를 기다리는 아가처럼, 월선은 날마다 나루터로 나간다. 그러나 그가 떠난 후 안부를 전혀 들을 수 없었다. 뗏목배, 장배, 나룻배를 기다려도 용이 소식은 두고서라도 의병이 몰살당했다거나 두목이 총살당했다는 소식만 들려온다.

코가 더 빨개진 아가는 꼼짝 않고 기다렸다가 엄마를 만나 한 손에는 사탕을, 한 손엔 엄마 손을 잡고 눈 오는 길을 걸어 집으로 향한다. 나루터에서 돌아오면 온갖 잡념에 새벽녘까지 시달리던 월선은 한밤중에 문 두드리는 소리가 들린 듯해 나가보았다.

"거기 누구 왔소?"
속삭이듯 묻는다.
"나다."

회포 푼 사내가 내뱉는다.

"내 사람은 니 하나뿐이다!"
"이대로 죽어부렸이믄 싶다."

이것이 바로 사랑하는 여인을 보석처럼 여기는 용이의 진짜 속마음이다. 이별 후 기다림은 더 애틋한 사랑을 만든다. 국제전화로도 성이 차지 않았던 우리도 6개월 후에 부부가 되어 공항 게이트를 함께 빠져나갔다.

가슴속에 온통 그 한 사람 들여놓고 기다리던 살뜰한 추억 하나쯤 누구에게나 다 있지 않을까? 지루한 시간 속에서 고통을 겪고 있을지라도 달콤한 만남이 있기에 견디어 내게 된다. 추위 속에서 한참을 기다렸다가 만난 엄마와 손을 잡고 가는 아가의 다른 손에 쥐어진 사탕이 그걸 말해주는 듯하다.

《엄마 마중》
김동성 그림, 이태준 글, 보림

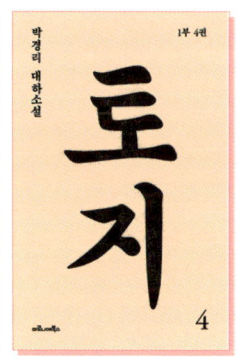

《토지 4》
박경리 글, 마로니에북스

떠나고 나니 비로소 내가 보이네

나무는 자라서 나무가 되고
새는 자라서 새가 되고
물고기는 자라서 물고기가 되고
꽃을 자라서 꽃이 되는데
나는 자라서 무엇이 될까?

— 판소리 동화 〈미운 오리 새끼〉 시놉시스

이 글을 보자 그림책 《아무도 몰랐던 곰 이야기》가 떠올랐다. 이 책에서는 주인공인 어린 곰을 '벌레'로 표현하고 있다. 솔잎처럼 생긴 작은 벌레는 몸이 가려워 나무만 보면 벅벅 긁어댄다. 그럴 때마다 쑥쑥 자랐다. 벌레는 주위를 둘러보며 고개를 갸웃거렸다. 아주 중요한 걸 잃어버린 것 같았기 때문이다. 그 벌레는 자신이 누구인지 묻는다.

큰딸도 초등학교 때 이런 주제로 자신의 정체성에 관한 시를 쓴 적이 있는데 그림책 속에 나오는 곰도 초등학교 중학년이나 고학년 쯤 되는 나이에 해당될까? 자신이 어떤 곰인지 궁금한 곰은 자신을 만나기 위해 길을 나선다. 자고로 떠나야 자신이 보이는 법. 이를 알고 있다니 똑똑한 곰이다. 숲으로 들어간 곰은 가던 길 멈추고 숲을 바라보기도 하고, 숲에서 얻을 수 있는 고요함을 온몸으로 느낀다.

《오십에 길을 나선 여자》의 저자 조안 앤더슨은 남편과 별거하기로 결정한다. 남편이 먼 곳으로 일터를 옮기게 되자 이를 계기로 어릴 적 추억이 깃들어 있는 케이프코드의 오두막에서 생활하겠다고 선언한다. 서로에 대한 사랑이 식어버린 그때 관계로부터의 휴가 또는 숨 돌릴 틈으로 여겼다.

막상 홀로 떨어져나오니 우울한 생각들에 사로잡혀 외로움이 밀려왔다. 특별한 해변이고, 아무도 모르는 곳이어서 축복의 시간이라고 기대했지만 그 반대였다.

"나를 찾기 위한 순례는 생각했던 것보다 더 고독한 여행"이었다고 생각한 조안은 무력감에 빠지곤 한다.

조안은 의지할 수 있는 것은 자신에 대한 믿음뿐이라고 생각한다. 곰이 숲에 들어가 모든 감각을 열어놓았듯이 조안도 모든 감각을 활짝 열어놓고 한 걸음 한 걸음 신중하게 떼어내어야 한다고 다짐하며 해변으로 향한다. 짙은 안개에 싸인 채 조안은 파도의 리듬에 발맞추어 바다로 깊숙이 뻗어나온 방파제로 향한다.

항구를 보호하는 억센 팔이며 하나의 고립된 반도인 그곳은 그 누구와도 마주칠 염려가 없는 사색의 공간이자 나의 성지이다.(122쪽)

완전히 혼자가 되어 절대 자유 속에서 자신만의 모험을 즐기려던 조안은 저만치 검은 망토 차림으로 조각처럼 우뚝 서 있는 노부인의 모습에 소스라치게 놀란다. 소설 속 이야기처럼 그 우아한 노부인도 같은 이름을 가진 조안이다.
이름만 같은 것이 아니라 영혼까지도 닮은 두 사람은 빠르게 가까워진다.
"자신을 위한 공간을 남겨둬야 해요."
조안은 아흔두 살 노부인을 만난 이후로 활력을 얻는다. 참 기쁨은 '한 올 한 올의 연결, 하루하루의 연속에 있다는 것'을 가르침 받았다. 노부인은 "내가 아는 것들과 나의 존재 자체에서 지혜를 빼내 일상이라는 천을 짜되 자신을 위한 여유는 잊지 말고 남겨두라"고도 했다.

숲을 걷던 곰은 표지판을 달고 있는 커다란 나침반 나무 앞에서 고민했다. 여러 갈래 길이 있었기 때문이다. 그때 나타난 거북이 택시를 타고 가다가 길을 잃었다. 거북이가 말을 한다.

"길을 잃고 헤매는 것도 앞으로 가기 위한 과정이야."

곰이 안내자 거북을 만난 것처럼 조안도 영혼의 안내자이자 안식처인 조안 부인을 만나 원기를 얻는다. 두 사람은 서로를 도우면서 서로가 진정한 자신이 되어가고 있었다.

곰이 숲에 갔을 때 느낀 것은 '고요'였다. 나뭇잎들이 만들어낸 작은 고요함, 땅이 만들어낸 깊은 고요함, 그리고 아주 큰 나무들이 만들어낸 오래된 고요함이었다.

이 모든 고요함 중에서 가장 조용하고 찾기 힘든 것은
바로 자신이 만들어낸 고요함이었지.
곰은 가만히 귀를 기울여보았어.
자신의 고요함을 듣기 위해서 말이야.

내가 이 책을 산 것은 바로 이 페이지 때문이었다. 너무 분주하게 사는 탓에 고요한 시간과 마주하지 못해서인지 이 문장이 나를 확 끌어당겼다. 자신에 대한 질문은 자라나는 과정에서만 필요한 것은 아니다. 길을 가다가 문득문득 떠오르기도 하며, 일부러 해야 하는 질문이기도 하다. 지금 가고 있는 길은 왜 가고 있으며, 어떤 길을 가야 하는지 끊임없이 물어야 한다. 그럴 때는 고요한 공간, 고요한 시간이 꼭 필요하다. 내면의 소리를 들어야 하기 때문이다.

노부인 조안이 말한다.

"몇 년 전에 한 나바호족 노인을 보고 깨달은 게 있어요. 그분은 일 년에 한 번 아무도 없는 황야에서 스물네 시간을 지내며 자연의 가르침을 받는다고 해요. 그분 말씀이, 아무리 머릿속이 뒤죽박죽일 때라도 그곳에서 한 시간이 지나면 사념이 사라지고 침묵 가운데서 진리의 말이 들려온다는군요."

조안도 나바호족들처럼 바위투성이 곳에서 스물네 시간을 보내면서 거친 바다의 치료를 받기로 한다. 그곳에서 순간순간에 존재하며 자유정신을 고무하여 힘들게 얻은 자신의 자립성이 온전함을 확인하고 돌아오기로 한다.

거북이가 데려다준 곳은 곰 집이었다. 곰이 털을 정리하고 거울 앞에 섰더니 늠름하고 멋진 곰이 나타났다. 자신이 가지고 떠난 질문도 모두 확인했다. 동무들이 자신을 상냥한 곰이라 인정했고, 꽃 냄새 맡으며 행복한 곰이라는 것을 스스로 느꼈다. 집으로 돌아와 멋지게 변한 자신의 몸을 보고 사랑스러운 곰이라는 것도 인정했다.

조안이 안개 속 해변에서 만난 매혹적인 92세 노부인은 '정체성의 위기'라는 용어를 만들어낸 정신분석학자 에릭 에릭슨의 아내이자 공동 연구자인 조안 에릭슨이었다. 조안 앤더슨은 해변에서 맺은 조안 에릭슨과의 우정을 그린 이야기를 《해변의 산책》이라는 책으로 엮었다.

곰이 거북을 만나 자기 집으로 돌아와 멋진 자신을 만났듯이 조안도 혼자 지내면서 인생의 스승인 조안을 만나 배움을 얻고, 고요한 시간 속에서 자신의 내면을 만나면서 새로운 조안으로 태어났다. 생선 가게 점원 생활과 조개잡이, 그리고 자연과의 교감도 큰 영향을 미쳤다. 곰이 숲속에서 자연과 동무들을 만나면서 행복을 느끼고 성장하듯이 말이다. 이후 조안이 남편과 관계를 회복하고 새 삶을 시작했음은 당연하다.

자신의 존재를 찾기 위해 길을 떠난 곰과, 잃어버린 자신을 찾기 위해 홀로 먼 길을 나선 조안 앤더슨의 여정을 보며 내릴 수 있는 결론은 바로 이것.

"모든 꽃은 자기 내면으로부터 스스로를 축복하며 피어난다."

– 골웨이 킨넬

《아무도 몰랐던 곰 이야기》
볼프 에를브루흐 그림, 오렌 라비 글,
한윤진·우현옥 옮김, 아이위즈

《오십에 길을 나선 여자》
조안 앤더슨 글, 박은희 옮김, 따님

나무를 사랑하는 사람들

　내가 가장 좋아하는 초록색과, 내가 좋아하는 산과 정원, 그리고 숲 등을 한데 모아 고르게 반죽해보는 상상을 한다. 그 반죽을 고운 통에 넣어 며칠 숙성시켜 두었다가 뚜껑을 열면 싱싱한 나무 한 그루가 삐죽삐죽 나오지 않을까?

　이런 상상을 하고 있자니 《생각을 모으는 사람》에 나오는 부루퉁 아저씨가 떠오른다. 아저씨는 이른 아침 집을 나서 도시 모퉁이나 골목들을 돌아다니며 배낭에다 생각들을 모아온다. 그 생각들을 정리한 다음 선반에다 두어 시간 두었다가 화단에 묻는다. 밤을 지낸 생각들은 꽃으로 피어난다. 꽃들은 날이 밝아지면 무수한 알갱이로 부서지고 멜로디와 함께 사방팔방으로 흩어져 세상의 집들로 들어간다.

　이번에는 그동안 내가 만났던 나무들과 숲 냄새, 맑은 공기 그리고 초록 빛깔을 내 몸에 담아본다. 그것들이 생각과 감정들과 잘 섞이어 숙성되면 내 몸속에도 한 그루 나무가 자랄지도 모른다는 상상에 이른다.

사진을 배우고 찍으러 다닐 때 가장 먼저 눈에 들어오는 것이 나무였다. 사진의 주제를 '나무'로 정하기도 했다. 도쿄에 가면 많이 가게 되는 정원과 공원에서도 나무를 많이 찍었다. 길을 지나가다가도 눈 속으로 걸려드는 나무들이 적지 않다. 가지고 있는 나무 관련 책만도 30권이 넘는다.

그렇다고 나무 이름을 많이 아는 것도 아니고, 나무 생태에 대해서 잘 아는 것도 아니다. 가지고 있는 책도 자연과학 분야의 것은 적다. 나는 그저 나무의 문학성, 철학성이 좋을 뿐이다.

《커다란 나무 같은 사람》에 나오는 식물학자는 식물원에서 30년 넘게 책을 읽고 세상의 나무와 사람들의 관계에 대해 연구해왔다. 이 학자의 관심도 단순히 나무의 미학적인 면이나 생태에만 머물러 있지 않다. '나무와 사람들의 관계'를 중심에 두고 어떻게 하면 서로가 친구처럼 조화롭게 잘 지낼 수 있는지를 연구한다.

'나무'에 대한 사랑이라면 헤르만 헤세도 뒤지지 않는다. 직접 정원을 가꾸며 식물들과 많은 교감을 했다. 나무와 꽃을 가꾸면서 길어 올린 영감과 사색으로 글을 쓰고, 그림을 그렸다. 거기에서 얻은 삶의 철학을 독자들에게 전해주었다. 그에게 있어 나무는 시선을 가장 많이 끄는 설교자였으며 숭배자였다. 종류를 가릴 것 없이 모든 나무들을 숭배했다. 그가 나무를 성스럽게 여기는 이유는 이것이다.

"나무와 함께 대화하며 나무가 하는 말에 귀 기울일 줄 아는 사람은 진실을 체험한다. 나무들은 무슨 교훈을 이야기하거나 처방을 내리거나 하지 않는다. 개개인이 겪는 일에는 무관심할지 몰라도 삶의 근원적인 법칙을 알려줄 뿐이다."

《커다란 나무 같은 사람》에는 사에라라는 꼬마 여자아이가 나온다. 스케치북을 들고 날마다 식물원에 나타난다. 불어로 '이곳저곳'이란 뜻을 가진 '사에라'라는 이름처럼 불쑥불쑥 나타나 식물원 직원들을 곤란하게 한다. 어느 날엔 꽃을 뽑아 들고 가다 들켰는데, 그것이 식물학자와 만나는 계기가 되었다. 식물학자는 사에라와 함께 식물원을 돌아다니며 나무 이야기를 들려준다.

연륜 깊은 식물학자는 헤세가 말한 '나무'처럼 교훈을 이야기하거나 어떤 처방을 내리지 않는다. 나무에게 귀 기울여 듣게 된 신비함을 사에라에게 자상하게 들려줄 뿐이다.

헤세의 말로 한 번 더 돌아가본다.

"나무들은 모든 생명력을 끌어모아 오직 한 가지만을 위해서 분투한다. 그것은 바로 나무들에 내재해 있는 고유한 법칙을 따르는 일이다. 나무들 본래의 형상을 완성해나가면서 스스로를 표현하는 일이다. 아름답고 강인한 나무보다 더 성스럽고 더 모범이 되는 것은 없다."

식물학자는 사에라에게 해바라기 씨앗을 쥐어준다. 간절히 바라던 싹이 나오던 날 사에라는 기쁨을 감추지 못한다. 이제 더 이상 식물원 직원들 눈살을 찌푸리게 하는 일은 하지 않는다. 비가 오나 눈이 오나 아침이면 식물원으로 달려가는 사에라는 식물들을 많은 애정으로 살피고 그림을 그린다. 식물원 가족이 다 된 것이다.

세로로 해서 두 면을 가득 채운 단풍 든 플라타너스를 사이에 두고 식물학자와 사에라가 서 있다. 가방끈을 만지작거리며 고개 숙이고 있는 사에라에게 학자가 말한다.

"너는 해바라기를 잘 키웠잖니.
해바라기는 네 마음속에 단단히 뿌리를 내렸어.
 이 플라타너스 좀 보렴.
여기서 250년 동안이나 뿌리를 내려왔단다."

사에라가 고국으로 떠나게 된 것이다. 별빛 쏟아지는 밤에도, 눈 내리는 밤에도 나무를 지탱해주는 뿌리가 250년 동안이나 있었다는 것을 사에라는 새로이 알게 된다. 사에라는 일본으로 떠나가기 전에 초록 동굴 어느 나무 아래에 자기가 그린 해바라기 그림을 가져다 놓았다. '고맙습니다'라는 말과 함께.

학자는 사에라 그림을 칙칙한 식물원 '여기저기'에 걸어두었다. 이듬해에는 사에라가 키운 해바라기 씨앗을 아이들에게 나눠줘야겠다고 생각한다.

여름이 되면 거리 이곳저곳에 사에라의 웃는 얼굴이 활짝 피겠지.

학자도 사에라가 그리운 게다.

사에라는 화가로 자랄까, 아니면 식물학자로 자랄까? 어쩌면 그림 잘 그리는 식물학자가 되지는 않을까 생각했다. 식물의 신비함을 잔잔하게 전해준 학자의 감성이 사에라에게 스며들어 그에 대한 호기심과 사랑이 생겼기 때문이다. 그래서인지 《랩걸》을 읽었을 때 저자이자 지구 물리학자인 호프 자런이 마치 '사에라'인 것처럼 착각이 들 정도였다.

지구 물리학자의 나무 사랑과 열정

어떤 분야를 막론하고 내가 가장 중요하게 여기는 가치 기준은 진정성이다. 그리고 시대의 흐름에 개의치 않고 자신이 좋아하는 일에 순수한 열정을 쏟아붓는 것이야말로 최고의 가치라 생각한다. 여기에다 그 일이 의미 있는 일이라면 더욱 그러하다.

《랩걸》을 읽으면서 여성 과학자 호프 자런이 자신의 일에 얼마나 많은 열정을 쏟고 있는지 알 수 있었다. 또한 이 책은 나무를 통한 자기 성찰이 돋보이는 책이다. 연구원이자 교수로 활동하고 있는 호프 자런은, 화려하지만 삶이 소외된 교수들 특유의 이론성 위주 글을 쓰지 않았다. 자칫하면 여성으로서 마이너스 요소가 될 이야기도 솔직하게 보여주었다. 그것이 더욱 그녀를 훌륭한 과학자로 보이게 했다. 학자라고 해서 도도하거나 우아할 필요가 전혀 없는 것이다.

샤워를 2주일에 한 번 정도 한다거나, 아침 식사와 점심은 영양음료 한두 캔으로 때우기 일쑤였다거나, 세미나에 참석할 때 개 간식용 뼈다귀를 가져갔다는 등의 내용을 보면 그녀가 얼마나 연구에 빠져 있었는지 알 수 있었기에 오히려 그녀에게 많은 호감을 느꼈다.

호프 자런은 연구비에 늘 허덕였지만 열정을 일에 쏟아 부었다. 과학자가 되던 날, 실험실에서 해가 뜨는 것을 지켜보며 특별함을 느꼈던 그 순간이 그녀의 생을 관철하고 있다고 말할 수 있겠다. 저자는 나무 생태를 재미있게 풀어내고 있다. 그래도 나무에 대한 책을 조금 읽었다는 내가 이 책에서 새롭게 알게 되는 내용들이 적지 않았다. 또한 저자의 높은 소양을 알 수 있는 인문학적 관점과 문학적 표현들을 볼 수 있다는 점이 매력이었다. 그러니까 내가 좋아하는 문학적, 철학적인 글이 담긴 책이었다.

> 모든 시작은 기다림의 끝이다. 우리는 모두 단 한 번의 기회를 만난다. 우리는 모두 한 사람 한 사람 불가능하면서도 필연적인 존재들이다. 모든 우거진 나무의 시작은 기다림을 포기하지 않은 씨앗이었다.(52쪽)

> 버드나무와 사랑에 빠지는 것은 어렵지 않다. 식물 세계의 라푼젤, 버드나무는 윤기 나는 머리카락을 드리우고 강가에서 누군가가 와서 자기 곁을 지켜주기를 기다리는 우아한 공주님 같은 느낌을 준다.(34쪽)

호프 자런의 글에는 따스함과 아름다움이 들어 있다. 과학자라면 딱딱한 글을 쓰지 않을까, 교수라면 이론을 앞세우는 글을 쓰지 않을까 하는 선입견과는 거리가 멀다. 우리나라에도 정재승, 최재천, 서민 등 독자들의 인기를 한 몸에 받고 있는 과학자가 적지 않다. 나는 좋아하는 이 과학자들 이름 뒤에 호프 자런을 슬쩍 끼워넣는다. 연구에 몰두하느라 연구실에서 밤을 새우기도 하고, 현장으로 가서 텐트에서 잠을 자면서 연구하고, 세미나에 가는데 경비가 없어 장거리 운전하며 가다가 사고를 당하는 등 빡빡한 날들을 보내면서 어떻게 이런 훌륭한 글을 쓸 수 있을까 궁금했다.

호프 자런은 어릴 때부터 책을 좋아했다. 책을 좋아한 엄마에게 어려운 책 읽는 법도 배워서 또래 아이들보다 수준 높은 책을 읽었다. 그리고 대부분의 책을 두 번 이상 읽고 저자들에게 긴 편지를 쓰기도 했다. 그녀 컴퓨터에는 늘 쓰고 있는 글 파일이 저장되어 있다. 그러지 않았다면 제아무리 열정적인 과학자라도 400페이지가 넘는 방대한 책을 써내기는 쉽지 않았을 것이다.

'호기심에 이끌려 하는 연구'의 부산물 중 하나는 '젊은이들에게 영감을 주는 것'이라는 저자 말은 실제 경험에서 나온 것이리라. '자신들이 하는 일을 과도하게 좋아하고 다른 사람들도 그것을 사랑하도록 가르치면서 견줄 데 없는 기쁨을 맛본' 당사자 체험일 것이다. 호프 자런은 매년 우리가 80억 그루가 넘는 나무를 베어서 그루터기만 남기고 있다며 걱정한다. 이런 속도로 건강한 나무를 계속 베어내면 지금부터 600년이 지나기도 전에 지구상의 모든 나무들이 그루터기만 남을 것이라는 것이다. 나는 이쯤에서 다른 책에서 읽은, 죽기 전에 해야 할 세 가지 가운데 하나가 나무를 심는 일이라는 것을 떠올렸다. 그런데 조금 내려가니 저자도 같은 말을 하고 있었다.

"땅을 가지고 있는 사람이라면 거기에 한 해에 나무 한 그루씩 심자, 마당이 있는 집에 세 들어 사는 사람이라면 나무를 한 그루 심고, 집주인이 눈치 채는지 기다려보자. 만일 눈치를 채면 그 나무가 늘 거기 있었다고 주장해보자."

호프 자런은 날마다 나무를 보고, 나무가 하는 일을 보면서 세상을 그들의 관점에서 보도록 노력해보자고 한다. 머리가 아파올 때까지 상상의 날개를 펼쳐보고 사진도 찍고 주위 사람들에게 이야기도 하자고 한다. 호프 자런의 이런 나무에 대한 사랑과 열정은 《커다란 나무 같은 사람》에 나오는 식물학자의 것과 다름없다. 나무의 관점에서 바라보고, 나무에게서 체험한 아름다움과 신비로움을 다른 사람에게 전하는 '커다란 나무 같은 사람'이 바로 호프 자런이다. 그래서 《랩걸》을 읽었을 때 사에라가 성장하여 쓴 글처럼 착각되었을 것이다.

젊은 여성이라는 편견 때문에 힘든 연구 환경에서 일해야 했지만 호프 자런은 결코 무너지지 않았다. 어린 사에라가 식물원에서 그랬듯이 아버지 실험실에서 키워진 식물에 대한 사랑이 단단히 뿌리내렸기 때문일 것이다. 이제 그녀의 뜨겁고 아름다운 삶은 또 다른 '사에라', 또 다른 '호프 자런'를 탄생시킬 것이다. 나와 같은 중년의 가슴도 세차게 흔들어놓았으므로!

그녀의 삶이 많이 복제되고 많이 진화되길 기대해본다.

《커다란 나무 같은 사람》
이세 히데코 글·그림, 고향옥 옮김,
청어람 미디어

《랩걸》
호프 자런 글, 신혜우 역,
알마

 ## 늦은 나이란 아무것도 안 하는 때이다

　도쿄에 있을 때면 작은 책방뿐만 아니라 대형 서점에도 간다. 그곳에서 빠지지 않고 들르는 곳이 그림책 코너이다. 《엠마》도 대형서점 서가에서 만났다. 일본판은 《엠마 할머니》이다. 사고 난 뒤에 우리나라에도 출간되었다는 사실을 알았다.

　바버러 쿠니의 그림도 더없이 아름다웠지만 내용이 먼저 마음을 끌었다. 72세에 그림을 그리기 시작한 엠마 할머니의 삶이 멋졌기 때문이다. 자신의 삶을 개척하는 이야기를 좋아하는 내가 그냥 지나칠 수 없는 책이었다. 특히 늦은 나이에도 개의치 않고 시를 짓거나 그림 그리기 시작한 사람 이야기를 더 좋아한다.

　아흔이 넘어 시를 짓기 시작하고 100세에 시집을 낸 시바타 도요 할머니가 쓴 책 두 권도 읽어본 뒤 반하여 주위 사람들에게 많이 선물했다. 나는 그들에게 단순히 책 2권을 선물한 게 아니라 도요 할머니의 삶을 선물했다. 《엠마》도 중년 이후의 사람들에게 많이 선물하고 싶은 책이다.

엠마 할머니는 부유한 할머니로 보인다. 치장하고 다니는 모습이나 집과 정원들이 고급스럽다. 하지만 고양이와 단둘이 살고 있는 삶이 쓸쓸하게 느껴진다. 행복할 때는 잠깐이다. 아들, 딸, 손녀, 증손주들이 찾아오는 날, 음식을 준비하고, 그들이 가져오는 선물을 받으며 함께 지내는 시간이다. 가족이 돌아가면 외로움이 또다시 밀려온다.

가족들은 엠마 할머니의 일흔두 번째 생일에 고향을 그리워하는 할머니를 위해 그림 한 점을 사다주었다. 그러나 그 그림 속 풍경은 할머니가 그리워하는 고향이 아니었다.

어느 날 할머니는 무언가 생각하고는 외출해서 물감과 붓, 이젤을 사가지고 들어온다. 손에 한가득 붓을 쥐고 가는 할머니 모습은 뒤에서 이젤을 같이 들고 가는 젊은 남성보다 서너 배는 크게 그려져 있다. 마치 고구려 벽화를 보는 느낌이다. 커다란 풍선처럼 부풀어져 있을 할머니 마음이 느껴진다.

엠마 할머니는 쉬지 않고 그림을 그렸다. 뒷짐 지고 벽에 걸어둔 자신의 그림을 감상하고 있는 할머니의 뒷모습이 더없이 당당해 보인다. 여기저기에서 사람들이 그림을 보러 오기 시작했다. 그들이 떠나고 나면 할머니는 또다시 혼자였으나 이제는 더 이상 쓸쓸하거나 외롭지 않았다.

<u>엠마 할머니는 자기가 좋아하는 곳들과 사랑하는 친구들에 둘러싸여 있었어요. 그래서 이제는 조금도 외롭지 않았어요.</u>

처음엔 이 책이 모지스 할머니 이야기인 줄 알았다. 모지스 할머니 이야기를 읽은 지 그리 오래되지 않은 데다가 전원 풍경 그림이 모지스 할머니 그림과 아주 비슷했다. 나가노에 있는 하모 미술관에서 모지스 할머니의 원화도 보았는데, 그림 스타일이나 제재가 혼돈이 올 정도로 닮았다. 게다가 비슷한 나이에 그림을 시작했고, 독학으로 그렸다는 점도 비슷했다. 그러나 이 책은 엠마 스턴이라는 화가를 모델로 쓴 책이다.

모지스 할머니에 대한 책을 읽었을 때 너무나 신선했다. 미국의 가난하고 형제 많은 농장에서 태어나 12세부터 다른 집 가정부와 농장 일을 해야 했던 모지스 할머니는 엠마 할머니보다 3년 늦은 75세에 혼자서 그림을 그리기 시작했다. 모지스 할머니 그림은 우연히 한 수집가에게 눈에 띄어 미국에서 큰 인기를 얻게 되었다. 복잡하고 바쁜 도시에 사는 사람들에게 많은 휴식과 추억을 불러오는 그림들이었기 때문이다.

엠마 스턴 화가에 대한 정보를 구할 수 없어 이 화가가 어떤 삶을 살아왔는지는 모르지만 모지스 할머니와 비슷한 환경에서 살았고, 비슷한 정서를 지녔으리라 짐작만 한다. 늦은 나이에 그림을 시작하여 적적함을 이겨낸 것을 보면 모지스 할머니처럼 의지도 강하고 긍정적인 성격을 지닌 사람일 것 같다.

  나는 회갑 때 무엇을 할 것인가에 대한 생각을 종종 하는데 칠십대에 대해서는 구체적으로 생각해보지 못했다. 좀 아득하게 느껴져서 그런 것일까? 사실 16년이면 아득한 것도 아니다. 아마 칠십대에 무언가를 시작한다는 생각 자체를 못해서 그런지도 모른다.

> "이제라도 그림을 그려서 얼마나 다행인지 모릅니다. 나의 경우에 일흔 살이 넘어 선택한 새로운 삶이 그 후 30년간의 삶을 풍요롭게 만들어줬습니다."

  엠마 할머니도 모지스 할머니처럼 위와 같은 말을 했을 것 같다. 날마다 그림을 그렸으니 모지스 할머니 못지않게 많은 작품을 남겼을 것이다. 모지스 할머니는 101세까지 1,600여 점을 그렸는데 그 기운데 250점이 100세 이후에 그린 그림이란다.

  오래전부터 드로잉을 배우고 싶었다. 노트를 가지고 다니면서 그림을 그리고 여백에 문구도 써넣고 싶었다. 그래서 드로잉에 관한 책들을 하나둘 샀다. 그러나 땅은 파지 않고 기둥부터 세우고 싶은 욕심이 앞서곤 했다. 따라서 선 긋기 조금 하다가 끝나버리기 일쑤였다. 새 스타일의 책이 나오면 쉬운 화법이 있나 하고 또 샀다. 그거라고 크게 다르지 않았다.

  바쁠 때는 시간이 없어 못 하더니 시간에 여유가 생기자 용기가 안 따랐다. 새로운 것을 시작했다가는 지금 하고 있는 일도 제대로 못할 것이라는 걱정이 앞선 것이다. 결국 포기하자는 쪽으로 마음이 기울었다.

그런데 이 글을 쓰는 동안 그 욕구가 스멀스멀 오른다. 아직 시간이 없는 건 아니지 않은가, 시작은 해봐야 하지 않은가,라고 말이다. 모지스 할머니 말을 다시 한 번 들여다본다.

"사람들은 늘 내게 늦었다고 말했어요. 하지만 사실 지금이야말로 가장 고마워해야 할 시간이에요. 진정으로 무언가를 추구하는 사람에겐 바로 지금이 인생에서 가장 젊은 때입니다. 무언가를 시작하기에 딱 좋은 때이죠."

구십이 어때서

내가 드로잉을 공부하겠다고 마음먹었을 때 열심히 시도했다면 지금쯤 술술 그려내고 있을지도 모를 일이다. 혼자서 하기 힘들면 학원을 찾아갈 수도 있었을 텐데 알아보기만 하고 결국 발을 들여놓지 못했다. 이제는 포기한 줄 알았지만 욕구는 완전히 사라지지 않고 있었다. 아무래도 올해가 가기 전에 시작을 해봐?

《쑥갓 꽃을 그렸어》에 나오는 유춘하 할아버지도 그림을 그린다.

그런데 그림을 시작한 시기가 구십이다. 놀랍지 않은가. 처음엔 그림이 삐뚤빼뚤했다. 첫 번째 그림은 할아버지 머릿속에 있는 어린 시절 풍경인지, 아니면 그림책 보고 그린 그림인지 모르지만 날고 있는 검은 새 한 마리와 토끼 두 마리가 있는 산속 그림이다.

이 책을 언제 샀는지 기억이 잘 안 난다. 하지만 바닥에 도화지 펼쳐놓고 두 다리 세우고 앉아 앞에 놓인 꽃병을 그리는 할아버지 모습을 보고 대번에 샀을 것이다. 머리는 거의 다 빠지고 얼굴엔 검버섯이 피었으며, 뼈가 앙상하게 드러난 할아버지가 그림을 그린다니 나는 또 얼마나 심장이 뛰면서 이 책을 샀던가. 그러니 내 욕구는 그때도 한창 진행 중이었을 것이다.

시바타 도요 할머니도 아흔 넘어 시를 쓰는 삶을 너무나 사랑스럽다 했다. 뺨을 어루만지는 바람이나 친구에게 걸려오는 안부전화, 집에 찾아와주는 사람들 모두에게서 살아갈 힘을 얻으며 시를 썼다. 진실과 위트가 있는 도요 할머니 시는 일본인들에게서 큰 인기를 얻었다.

유춘하 할아버지가 주말농장에서 주워온 자두를 보고 그린 그림은 다른 사람 그림 같다. 그렇다면 몇 개월 지난 그림인가 하고 사인을 보니 하루 지난 날짜다. 그림은 뒤로 갈수록 변화의 폭이 크다. 그림들은 하루 또는 이삼 일 뒤에 그린 그림이고 마지막 그림은 보름도 채 안 된 그림이다. 놀랍다. 역시 예술은 타고나는 것이 맞다.

《쑥갓 꽃을 그렸어》에서 유춘하 할아버지가 그린 그림은 실제로 어르신이 손수 그린 것이고, 나머지는 딸 유현미가 그렸다. 그러니까 그림 작가 유현미는 알아보나마나 아버지의 그림 유전자를 그대로 물려받았다는 말이다.

정자에서 그림을 그리는 할아버지 뒷모습이 있다. 파주 반구정이다.

내 손으로 임진강을 그리게 되다니!
개성공단으로 전기를 실어 나르는 송전탑도 그렸어.
아이고, 힘들어서 혼났다!

그랬다. 할아버지 고향은 황해도 신천군이다. 임진강에서 북쪽 고향이 가깝다면서 "날아가면 금세 닿겠지."라는 할아버지 말에 울컥했다. 전쟁 통에 어머니하고 돌쟁이 딸내미와 헤어졌다. 잠시 후면 만나리라 생각했을 텐데 60년 넘는 세월이 흘렀다.

독백 같은 할아버지 말이 임진강으로 흘러흘러 북으로 갔을까? 나룻배 타고 북쪽 향해 열심히 노 젓고 있는 사람은 할아버지 본인일 것이다. 전선 속 전기라도 되어 황해도로 달려가고 싶은 마음이 굴뚝같았을 것이다. 그렇게 그림이라도 그리며 조금은 그리움을 달래지 않았을까 싶다. 세월의 무심함 속에서 강물만 하염없이 바라보고 올 때하고는 많이 달랐을 것이다. 무언가로 표현한다는 것은 마음속 짐을 덜어내는 것과 같기 때문이다. 이번에 열린 남북이산가족상봉 행사에서 가족을 만나고 오셨길 빈다.

아휴, 고단하다.
그림은 이제 그만! 좀 쉬어야겠다.

말은 이렇게 하지만 내일이면 또 쪼그리고 앉아 다른 그림을 그리고 있을 유춘하 할아버지. 요즘 유행하는 가요 한 대목 빌려 말하자면 "저세상에서 날 데리러 오거든, 좀 더 그릴 것이 있어서 못 간다고 전해라!"라고 하지 않을까. 도요 할머니 귓가에 바람이 찾아와 저세상으로 떠나자고 하면 고개를 젓는 할머니처럼 말이다.

고개를 저으며 말해요.
"조금만 더 여기 있을게.
아직 못다 한 일이 남아 있거든."

− 시바타 도요, 〈답장〉에서

그나저나 엠마 할머니, 모지스 할머니에 이어 도요 할머니와 유춘하 할아버지까지 만나 보니 시간이 없다거나 늦어서 못 한다는 말은 꺼내지 못하겠다. 더구나 이들은 그림을 그려본 사람들도 아니다. 어려서부터 책 읽기와 글쓰기를 좋아해서 작가가 되었다거나, 유독 그림 그리는 것을 좋아해서 어른이 된 후에 화가가 된 사람들의 이야기가 아니다. 외롭고 고향이 그리워서 그랬고, 딸아이가 권해서 그랬다. 칠십대도 대단하다 생각했는데 구순 어르신이 그리기 시작했다는 말엔 입이 쩍 벌어지지 않을 수 없었다.

책 욕심을 줄여 한 달에 두 권 정도 덜 읽고 그 시간에 그림 그려보면 어떨까 싶다. 잊었나 했는데 어느 순간 그 생각이 불쑥 튀어오르곤 하니 한 번은 제대로 해야 될 것 같다. 잘해야 된다는 생각과 많은 시간을 들여야 한다는 생각에서 벗어나면 쉽게 시작할 수 있을 것이다.

오십 이전에는 무얼 시작하는 것에 겁먹지 않았다. 그러나 지금은 다르다. 혹여 새로운 걸 시작하면 마음이 흐트러져서 현재 하고 있는 일에 방해를 받지 않을까 하면서 스스로 방어막을 친다. 지금 하고 있는 일이란 책을 읽고 글을 쓰는 것이다. 후반 인생에서 하고 싶은 일이 이 일이었다. 무언가를 시작하면 몰입해서 하는 성격이기에 더욱 망설여진다. 물론 내가 드로잉을 배우고 그림을 한다고 해서 전문적으로 한다는 것은 아니다. 혼자서 할 확률이 높다.

지금까지 적지 않은 걸 배웠다. 진로 코칭, 에니어그램, 도형심리학, 커피, 판소리, 해금, 그림책 심리학, 사진, 인디자인, 바인딩 등이다. 진로 코칭, 커피 등은 민간 자격증을 땄고, 직업상담사는 독학으로 땄다. 해금은 당시 시간이 여의치 않아 연습량 부족으로 진도가 잘 나가지 않아 그만두었다. 그림책 심리학은 동기들끼리 한 달에 한 번 모여 공부하는 동호회로 전환되었고, 그림책 협회에서 주관하는 워크숍이나 컨퍼런스 등에 참여하고 있다. 판소리는 사십대 중반에 시작하여 지금까지 해오고 있다.

　하고 싶은 것은 거의 다 해봤는데 그림 공부는 어찌 살짝 발을 들여놓았다가 뒤로 빼곤 한다. 수강 신청서를 다 써놓고는 마지막 전송을 못 하기도 했다. 그림에 재능은 없어도 감상하는 것을 좋아해 미술관도 다니고 그림책도 많이 산다. 특히 노년의 삶을 어떻게 살 것인가에 대한 생각도 많아서 이런 책에 많이 끌린다.

　혹시 내가 구십, 백 살까지 살 거라는 확신이 없어서 그런가? 하루를 살아도 하고 싶은 건 하라고 누군가가 내 귀에 대고 말한다. 그러다가 백십 살까지 살면 그때 가서 후회할 거냐고 일침을 가한다. 혹시 유춘하 할아버지?

《엠마》
바바라 쿠니 그림, 웬디 케셀만 글,
강연숙 옮김, 느림보

《쑥갓 꽃을 그렸어》
유춘화·유현미 지음, 낮은산

죽음이 내게 올 때

바로 눈앞에서 죽음을 본 건 친정아버지와 시아버지가 돌아가셨을 때이다.

아버지가 낮에 들에서 일을 하고 들어와 약재를 드셨는데 독성 때문에 갑작스레 돌아가셨다. 중학교 2학년 때였다. 무뚝뚝한 아버지여서 어려워했지만 아버지 죽음은 큰 충격이었다.

시아버지는 침샘암 판정을 받았지만 이미 많이 퍼진 상태여서 집에서 투병했다. 7개월 만에 복수가 차올라 병원에 입원한 사이 돌아가셨다. 병이 진행 과정에 있었으므로 우리는 마음속으로 이별 준비를 하고 있었다.

가족 두 명의 죽음을 눈앞에서 보았지만 그것이 내 가까이에 있다는 생각은 잘 못 했다. 어리거나 젊었을 때여서 마치 나하고는 전혀 상관없는 존재로 여겼는지 모른다. 생로병사는 당연한 것이고, 바로 코앞의 일도 알 수 없는 게 우리네 인생인데 말이다. 그리고 '죽음은 삶의 완성'이라고 버릇처럼 말하면서 마치 남에게만 일어날 거라고 착각하기도 한다.

나는 죽음이에요.
삶이 삶인 것처럼
죽음은 그냥 죽음이지요.

《나는 죽음이에요》의 첫 페이지에 나오는 문장이다. 긴 머리엔 꽃핀을 꽂고 발그레한 뺨과 푸른 눈을 가진 '죽음'은 검푸른 옷을 입고 담담하게 이야기를 시작한다. 이 처자는 빨간 자전거를 타고 온다. 그러니까 우리가 영화에서 흔히 보게 되는 저승사자의 모습이 아니다. 검은 모자에 검은 옷을 입고, 창백한 피부에 마른 몸매를 한 저승사자와는 사뭇 다른 것이다. 신비스럽고도 낯선데 친근하게 느껴지니 야릇하다. 생명을 데려가는 이가 이런 모습이라면 '죽음'이 덜 무서울 것 같다.

그래서일까? 삶이 삶인 것처럼, 죽음은 그냥 죽음이라는 말도 편안하게 다가온다. 소설《겨울의 유산》에도 이런 글이 나온다.

죽음이다, 삶이다,라고 말하는 사람들아
삶도 없고, 죽음도 없는 이 이치를 어찌 알겠는가

삶과 죽음, 이 두 극단을 뛰어넘으면
삶과 죽음에서 자유롭게 되느니

우린 학창 시절부터 '성공해야 한다, 큰 꿈을 꾸어야 한다. 훌륭한 사람이 되어야 한다' 등의 말만 들었지 죽음에 관한 공부는 하지 않았다. 입술 위에 떠올리는 것조차 허용이 되지 않는 사회에 살았다. 이제야 조금씩 이야기를 하기 시작했다. 그런 우리들이 하루아침에 삶과 죽음의 두 극단을 초월할 수는 없겠지만 공부를 해서 힘을 키워나가야 하지 않을까?

죽음을 우리 삶과 먼 것으로 여기거나 두려워한다면 지금의 삶을 값지게 살기는 어려울 것이다. 그리고 죽음은 누구든 비껴갈 수도 없는데 준비도 없이 갑작스레 맞게 된다면 얼마나 당황스럽겠는가.

그런 의미에서 이 책은 '죽음'을 친구처럼 받아들이게 하고 이해를 시킨다. 어떤 대상도, 시간도 가리지 않는 죽음은 자기를 맞는 사람이건, 피하는 사람이건 상관하지 않고 찾아간다고 말한다. 솜털이 보드라운 아이를 데려가기도 하고, 뱃속의 생명도 찾아갈 때가 있노라고 솔직히 말한다.

이 책에서는 죽음을 미화시키지 않아서 편안하다. 삶과 죽음은 하나라면서 죽음은 눈치도 보지 않고 이렇게 말한다. 자신이 찾아가지 않으면 누가 뿌리와 새싹이 자라날 자리를 마련해줄 것이며, 누가 이 땅에 태어나는 모든 생명의 자리를 마련해줄 것이냐며 말이다.

내가 떠나버리면,
누가 새로운 단어와 꿈의 자리를
마련할 수 있을까요?

고개를 끄덕이지 않을 수 없다. 탐욕자처럼 삶의 자리를 욕심내고 있어서는 안 되겠다는 마음을 먹게도 한다. 내가 떠난 자리에 새 생명이 태어나 우주가 순환된다는 생각을 하면 죽음에 미련을 덜 가지게 될 것이다. 더 나아가 후세에게 자리를 내어주어야 한다는 의무감까지 든다. 죽음을 맘대로 할 수 있는 것은 아니지만 죽음이 가까이 왔을 때 두려워하지 않을 것 같은 기분도 든다. 삶과 죽음은 하나이고, 사랑과 하나이고, 나와 하나라는 말이 다정하기까지 하다.

> 이 세상에 태어난 자는 모두 죽어야 하느니
> 영원히 죽지 않고 사는 자 어느 누구 있겠는가.
> 나도 이제 이 세상 인연이 다하여 돌아가고자 하니
> 그대들은 자기 자신의 마음을 믿을 것이며, 밖을 향해 치닫지 말라.

《겨울의 유산》에 나오는 봉정사 큰스님 유언이다. 세상 인연이 다 되었다고 여겨졌을 때 담담하게 떠날 수 있는 마음 자세를 본다. 버몬트 숲에서 자연주의 삶을 살았던 스콧 니어링은 만 100세를 넘어 3주가 되었을 때 일부러 음식을 끊고 위엄 있게 삶을 마무리했다. 1983년 일이다. 후반 인생을 살고 있는 나야말로 이제 죽음을 떠올리면서 어떤 자세로 맞이할지 준비해야겠다.

 죽는다는 것은 사라지는 것이 아니라 형태가 바뀌는 것이 아니겠는가. 내 삶이 자연의 일부로 돌아가게 되는 것이니 지금 잘 사는 것이 잘 죽는 것이기도 하다.

죽음 앞에 선 사람들

 젊었을 땐 죽음이 두렵지 않았다. 그래서 버릇처럼 나는 굵고 짧게 살다 갈 것이라고 말했다. 어쩌면 그것은 염세주의적인 정서 때문이 아니라 죽음에 대해 잘 알지 못했기 때문은 아니었을까? 죽음은 우리와 멀리 있다고 생각했고, 함부로 입에 담아서도 안 되는 말이었으니 추상화처럼 쉬이 와닿지 않았으리라. 《죽음과 죽어감》에도 "죽음은 결코 나 자신에게 만큼은 일어날 수 없는 일이라는, 인간의 무의식 속에 자리 잡은 절대적인 믿음"이라는 내용이 나온다.

 하지만 최근 가까운 이들의 죽음을 맞게 되면서 죽음이 결코 멀리 있지 않다는 것을 조금씩 인식하게 되었다. 그리하여 어떻게 해야 품위 있는 죽음을 맞을 것인지, 삶의 완성으로서의 죽음을 어떻게 맞을 것인지에 대한 관심도 커졌다.

《죽음과 죽어감》에는 스위스의 정신의학자이자 호스피스 운동의 선구자인 엘리자베스 퀴블러 로스가 2년 반 동안 시한부 환자들을 세미나에 참여시켜 인터뷰하고 관찰한 사례들이 실려 있다. 저자는 환자들이 말하는 내용들을 귀 기울여 듣고 그들이 진심으로 원하는 것이 무엇인지 알아보려 했으며, 그들이 가는 마지막 길을 편히 갈 수 있도록 도왔다.

권위주의적인 규율과 금욕적인 시대여서 병의 예후에 대해서도 완곡하고 간접적으로 전하던 때였다. 이러한 때에 엘리자베스 퀴블러 로스는 환자들에게 사실을 알려야 한다고 주장한 사람이다. 우리나라에서도 환자 당사자에게 이를 알리기 시작한 것이 그리 오래되지 않은 것으로 기억한다. 충격을 받을 거라 예측하고 대부분 쉬쉬한 것이다. 그리 되면 당사자는 신변 정리도 못한 채 고통과 싸우다가 불씨 꺼지듯 세상을 떠나게 된다.

엘리자베스 퀴블러 로스는 죽음의 과정을, '부정과 고립, 분노, 협상, 우울, 수용'이라는 5단계로 정립했다. 책이나 매체를 통해서 접했던 이론이다. 이 책도 이러한 순서로 쓰여 있다. 이 책은 출간 당시 온 국민의 관심을 끌었을 뿐만 아니라 의학계와 문화계 전반에 걸쳐 큰 반향을 일으켰다고 한다. 환자들의 이야기에 귀를 기울여주는 행위 자체가, 투병과 죽음이라는 주제를 '질병의 영역이자 의사들에게 국한된 영역'에서 '인생 경험의 영역이자 개개인의 사적인 영역'으로 끌어온 일이었다.

저자는 죽음과 대면하고 수용할 때 평화를 얻을 수 있다고 말한다. 따라서 죽음이 닥치기 훨씬 이전에 '죽음과 죽어감'에 관한 이야기를 나누도록 조언한다. 결코 쉽지 않은 일이지만 죽음이 코앞에 닥쳤을 때보다는 '저만치 멀리' 있을 때 죽음이 덜 두렵게 느껴진다는 것이다. 따라서 평상시에 습관적으로 죽음에 대해 생각하라고 한다. 그러지 않으면 가족 중 한 사람이 받는 암 선고가 우리 자신의 죽음을 냉혹하게 일깨워줄 것이라는 것이다.

이 책을 집어들기 직전 내 친언니 하나도 급성 백혈병 진단을 받고 항암 치료에 들어갔다. 따라서 이 책을 대면하기가 쉽지 않았지만 문장 하나하나에 더욱 몰입되기도 했다. 언니의 갑작스러운 발병 소식에 충격을 받은 나는 평소와 다르게 새벽에 눈이 멀뚱히 떠지곤 했다. 항암 치료로 몸무게는 급격히 줄어들고 피부는 검디검어졌으며 머리카락은 듬성듬성 빠져나가는 언니 모습을 보며 삶과 죽음은 어쩌면 종이 한 장 차이일지도 모른다는 생각을 했다.

출간된 지 50여 년이나 지난 이 책을 왜 재번역 출간했을까 의아해하며 읽었다. 그런데 언니 병문안을 다니면서 느낀 것은, 의료 기술은 뛰어날지 모르지만 환자나 보호자를 대하는 주치의의 태도는 형편없다는 것이다. 갑작스러운 발병으로 충격에 빠져 있는 우리들 앞에 선 젊디젊은 여성 의사는 우리 셋이 좀 떨어져 있어서 돌아가며 쳐다보기 힘드니 한쪽에 서 달라고 했다. 그리고 우리가 궁금한 것을 묻자

이미 다른 보호자에게 다 말해준 것이라는 말을 앞세우고 성의 없이 설명을 했다. 옆에 있던 언니가 궁금한 것이 있어 물으니, "내 말 자르지 마세요."라고도 했다. 참고로 질문했던 셋째 언니는 육십대 초반이며 의사는 삼십대로 보였다. 모든 의사가 다 그런 것은 아니겠지만 불안해하는 보호자들을 향해 그런 쌀쌀맞고도 권위적인 태도로 말하다니 이 책이 아직도 많이 필요하겠다는 생각이 들었다.

이 책은 죽음을 앞에 둔 사람 곁에서 일을 하는 의사, 간호사, 성직자 그리고 가족들이 읽으면 많은 도움을 받을 것이다. 우리 모두 죽음을 언제 맞을지 알 수 없다. 미리 경험하는 책이다. 죽음을 잘 받아들일수록 삶의 가치도 더욱 깊어질 것이다. 잘 살기 위해서도 죽음을 멀리해서는 안 되겠다.

"삶이 삶인 것처럼, 죽음은 그냥 죽음"이라고 받아들인다면, 나와 내 주위 사람들 죽음까지도 조금은 편히 받아들이게 될 것이다. 그리 되면 우리는 좀 더 의연해지고 덜 흔들릴 것이다.

그런데 어떻게 해야 편히 받아들일 수 있을까?

함께라면

TV에서 시한부 인생을 앞두고 있는 한 여성이 누운 채로 초등학생 아들에게 밥하는 법을 가르치고 있었다. 어린 아들은 엄마가 알려주는 대로 쌀을 씻고 밥솥에 안쳐 스위치를 눌렀다. 마치 내가 그 아이 엄마인 것처럼 가슴 아프고 눈물도 났다. 그 여성의 마음은 오죽했을까 싶다.

이런 상황에서도 의연해질 수 있을까? 머지않아 죽음이 그들 사이를 갈라놓을 텐데……. 나라면 우리 아이들에게 무엇을 가르칠까? 아니 왜 지금도 영원히 살 것처럼 특별히 가르치지 않는 것일까? 더구나 스무 살도 넘은 장성한 딸들인데 말이다.

《할머니가 남긴 선물》은 오래도록 함께 산 할머니 돼지와 손녀 돼지의 이별 이야기를 담고 있다. 슬픈 이별이 아니라 잔잔한 여운을 주는 이별이다. 그러니 아름다운 이별이다. 할머니 돼지는 손녀 돼지가 혼자서도 잘 살아갈 수 있도록 마련해두고 떠났다. 일은 몸으로 가르치고, 정신은 사랑으로 품어주었다.

둘은 모든 일을 함께 했습니다.
집안일도요.

둘은 손발이 척척 맞는다. 함께 청소하고, 함께 요리하고, 함께 빨래한다. 손녀 돼지는 귀리죽이 싫어 툴툴거리다가도 할머니 돼지가 타이르면 투정을 멈춘다. 할머니랑 같이 살 수만 있다면 삼시 세끼 귀리죽만 먹어도 좋다 생각한다.

하지만 할머니 돼지가 침대에서 못 일어난다. 손녀 돼지는 할머니와 함께하던 일을 혼자서 한다. 난로를 청소하고, 장작을 패고, 먼지를 떨어내고, 마룻바닥을 쓸고, 빨래를 내다 널고, 이불을 갰다. 씩씩하게 잘했는데 왠지 쓸쓸하다.

손녀 돼지는 할머니 돼지와 헤어지게 될 것을 직감적으로 알아차렸을까? 다음 날 겨우 일어나 외출하는 할머니를 보자니 울음이 터져나올 것 같다.

할머니 돼지는 기운 없는 몸을 이끌고 이곳저곳을 돌아다녔다. 도서관에 가서 책을 반납하고, 은행에서 돈을 전부 찾고, 통장을 해지했다. 식료품 가게에 가서 외상값을 갚고, 공과금을 납부했다.

"잔치를 열고 싶구나."

잔치라는 말에 동네 사람들을 불러놓고 음식 나눠 먹으며 이별을 하려나 했다. 할머니 입맛이 돌아온 줄 알고 손녀 돼지는 기대에 가득 찼다. 그런데 할머니 돼지는 마을을 거닐면서 나무와 꽃과 하늘을 보며 즐길 뿐이었다.

"저기 좀 보렴! 나뭇잎이 햇살에 반짝이는 게 보이니?"

그림책은 아름다운 마을을 차례차례 보여준다. 둘은 나무, 구름, 연못들을 차례로 돌아보고 새들의 지저귐을 듣고, 흙냄새를 맡고 집으로 돌아온다. 할머니 돼지는 기진맥진해서 침대에 누웠다. 손녀 돼지는 할머니에게 첼로 연주를 해주고, 할머니와 꼬옥 껴안고 마지막 잠을 잤다.

혼자 남은 손녀 돼지는 슬픔에 빠져 있지 않다. 씩씩하게 잘 살아간다. 할머니 돼지가 주고 간 '사랑'이 있고, '함께' 일하면서 사는 법을 배웠으니 흔들리지 않는다. 할머니 돼지는 손녀 돼지에게 멋진 집이나 많은 돈을 남겨주지 않았다. 대신 자립할 수 있는 능력과 세상을 아름답게 느끼며 살아가는 법을 선물로 주었다. 특히 함께 보낸 마지막 날은 더할 나위 없이 행복하고 아름다운 시간이었다. 손녀 돼지는 평생 그날 저녁을 가슴에 담아두고 살 것이다.

떠나는 사람의 역할이 얼마나 중요한지 알 수 있었다. 대비를 잘 해놓으면 본인도 편안하게 떠날 수 있고, 남겨진 사람도 잘 이겨낼 수 있다는 메시지가 긴 여운을 주었다.

생의 마지막을 독특하게 보낸 사람이 있다. 암 선고를 받은 일본 기업인 이야기다. 그는 죽기 전에 스스로 자신의 장례식을 치렀다. 그는 연명 치료 대신 남은 시간을 의미 있게 보내고 싶었다. 장례식 광고도 본인이 직접 냈다. 회비나 조의금은 필요 없고 평상복을 입고 오라고 했다.

장례식장에는 약 1,000여 명이 모였다. 지인들과 추억이 담긴 사진으로 식장을 꾸미고, 그동안 활동한 내용을 영상으로 보여주었다.

그는 참석자 전원에게 감사 편지를 전했다. 휠체어를 타고 테이블을 돌면서 모든 사람과 악수하며 인사를 나눴다.

죽음을 준비하는 방식은 사람마다 다르지만 그는 삶을 마감하듯 하는 게 싫어서 다 같이 즐거울 수 있는 모임을 열었다. 참석자들은 자신들의 삶을 돌아볼 수 있는 시간이어서 감사했다고 한다.

자신이 맑은 정신으로 있을 때 평소 잘 알고 지내던 사람들을 불러 감사와 이별 인사를 나눈다는 것에 놀랐다. 그러나 신선했다. 사람마다 살아온 길이 다 다른데, 같은 장소에서 같은 방식으로 장례를 치른다는 것에 브레이크를 걸어볼 생각을 전혀 못했다.

잔치를 연다면서 손녀 돼지와 함께 마을의 경치를 돌아본 뒤 조용히 세상을 떠난 할머니 돼지와 살아오면서 인연 맺었던 사람들을 초대해 마지막 인사를 나눈 일본 기업인의 모습은 얼마나 품격 있는 일인가.

죽음을 삶과 마찬가지라고 보는 시선도, 죽음을 삶의 완성이라고 보는 생각도 모두 이 순간과 긴밀하게 연결되어 있다. 이토록 중요한 것을 왜 남 일처럼 여기고 살았을까. 지금이라도 내가 건강할 때 '내 죽음'에 대해 연구하고 공부하는 시간을 가져야한다. 이것이야말로 아름다운 마무리의 절정이다.

문득 읊고 싶은 시가 떠오른다.

모든 생명들이 나와 조화를 이루고

모든 소리가 내 안에서 합창을 하고

모든 아름다움이 내 눈에 녹아들고

모든 잡념이 내게서 멀어졌으니

오늘은 죽기 좋은 날.

나를 둘러싼 저 평화로운 땅

마침내 순환을 마친 저 들판

웃음이 가득한 나의 집

그리고 내 곁에 둘러앉은 자식들.

그렇다.

오늘이 아니면 언제 떠나겠는가.

— 작자 미상, 〈오늘은 죽기 좋은 날〉

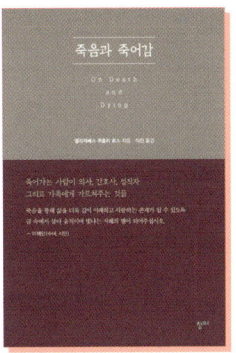

《나는 죽음이에요》

마린 슈나이더 그림,
엘리자베스 헬란 라슨 글,
장미경 옮김, 마루벌

《죽음과 죽어감》

엘리자베스 퀴블러 로스 지음,
청미

《할머니가 남긴 선물》

론 브룩스 그림, 마거릿 와일드 글,
최순희 옮김, 시공주니어

3

<u>영화 속으로
걸어간 그림책</u>

내가 만들 세상은

바버러 쿠니 그림들은 살랑거리는 봄바람 되어 내 감정의 결을 건드리곤 한다. 바버러 쿠니가 미국 민속그림의 전통을 이어받았다는 것을 몰라도 작가의 그림책들을 보면 과거의 생활 방식과 가치를 귀히 여기는 사람이라는 것을 알 수 있다. 그림과 함께 들려주는 이야기들도 울림이 있다. 그래서 다 읽고 나서도 책을 덮지 못하고 되풀이해 읽게 된다.

《미스 럼피우스》도 그런 매력이 가득한 책이다. 내용도 심장 어딘가에 콕 박힐 정도로 아름다운 삶이 무엇인지 일깨워준다.

여러 꽃과 바위로 둘러싸인 집에 사는 루핀 할머니가 주인공이다. 어릴 적 이름은 앨리스. 앨리스는 저녁이면 조각도 하고 그림도 그리는 예술가 할아버지 무릎에 앉아 머나먼 세상 이야기를 듣는다. 평화로움과 다정함이 방 안 가득하다. 이야기를 듣는 앨리스의 두 눈은 이야기에 취해 있으며 사뭇 진지하다.

할아버지 이야기가 끝나면 앨리스는 말한다. 어른이 되면 아주 먼 곳에 가보고, 할머니가 되면 바닷가에 와서 살 것이라고 말이다. 그러면 할아버지는 맞장구를 쳐주고, 한 가지 더 있다고 덧붙인다.

"세상을 좀 더 아름답게 만드는 일이지."

법정 스님도 이와 비슷한 말을 했다. "어느 날 내가 누군가를 만나게 된다면, 그 사람이 나를 만난 다음엔 사는 일이 더 즐겁고 행복해져야 한다. 그래야 그 사람을 만난 내 삶도 그만큼 성숙해지고 풍요로워질 것이다. 명심하고 명심할 일이다." 앨리스 할아버지가 말한 '세상을 좀 더 아름답게 만드는 일'은 결국 다른 사람의 삶을 즐겁고 행복하게 만드는 일이라 생각한다.

어른이 된 앨리스는 집을 떠나 도시의 도서관에서 일했다. 책에 앉은 먼지를 떨고, 책을 정리하고, 읽고 싶은 책을 찾는 사람들을 도왔다. 도서관엔 머나먼 세상 이야기가 나오는 책도 있었다. 거기에선 앨리스를 미스 럼피우스라 불렀다.

미스 럼피우스는 어느 날 식물원에 간다. 털목도리를 팔에 걸고 긴 코트에 털모자를 쓴 미스 럼피우스는 두 눈을 감고 향기를 맡고 있다. 열대의 섬을 느끼고 있는 것이다.

미스 럼피우스는 진짜 열대의 섬으로 간다. 원주민들을 만나고, 그들의 음식을 먹고, 그들과 이야기를 나눈다. 그리고 만년설이 덮여 있는 산봉우리에도 오른다. 정글을 뚫고 지나가기도 하고, 사막을 횡단하기도 하면서 세계를 돌아다니며 친구들을 사귄다.

19세기에서 20세기에 걸친 시기에 여성 혼자서 세계 곳곳을 누비고 다녔다는 사실이 21세기를 사는 나는 놀랍기만 하다. 아직 혼자서 숙박 여행을 떠나본 적도 없고, 해외라야 남편이 있다는 이유로 일본만 드나들고 있으니 두 눈이 휘둥그레진다.

여행을 다니던 중 미스 럼피우스는 먹으면 황홀경에 빠져서 세상 모든 일을 잊게 된다는 로터스 열매가 있는 땅에 갔다가 허리가 몹시 아파 돌아오게 된다. 그리하여 어릴 적 꿈꾼, 바다가 보이는 집을 사서 멋지게 꾸민다.

> "하지만 내가 할 일이 한 가지 더 남아 있어.
> 난 세상을 아름답게 해야 할
> 무슨 일인가를 해야 해."

몸이 아파 침대에 누워 있던 미스 럼피우스는 몸이 좋아지자 언덕에 갔다. 언덕 너머에는 미스 럼피우스의 정원에서 날아간 꽃씨가 피워낸, 다채로운 루핀 꽃이 가득했다. 럼피우스는 꽃씨 가게로 가서 많은 루핀 꽃 꽃씨를 주문한다.

그 여름 내내 럼피우스는 들판이며 언덕을 돌아다니며 꽃씨를 뿌린다. 고속도로 곁에도, 시골길에도, 학교 근처에도, 교회 뒷마당에도, 도랑 속에도, 돌담 곁에도 뿌리고 또 뿌렸다. 허리도 아프지 않았다.

그러자 몇몇 사람들이 미스 럼피우스를
"저 정신 나간 늙은이"
라고 부르기 시작했지요.

하지만 이듬해 봄 온 마을에는 루핀 꽃이 가득했다. 미스 럼피우스는 자전거를 타고 망토를 휘날리며 루핀 꽃이 활짝 피어 있는 마을을 돌아보고 있다. 이제 사람들은 미스 럼피우스를 루핀이라 부른다.

가장 어려운 세 번째 일을 해낸 럼피우스는 손녀와 손녀 친구들에게 머나먼 세계 이야기를 들려준다. 손녀는 앨리스가 말한 것처럼 똑같이 말한다. 머나먼 세계로 가고, 돌아와서는 바닷가에 있는 집에 산다고 말이다. 그러면 미스 럼피우스는 할아버지처럼 맞장구를 쳐주며 한 가지 더 할 게 있다고 말한다.

이 세상을 좀 더 아름답게 만드는 일이지.

미스 럼피우스 손녀 이름도 그녀 어릴 적 이름과 똑같고 꿈도 같다. 동무들과 루핀 꽃밭에서 해맑게 뛰어노는 손녀 앨리스는 먼 훗날 어떤 아름다운 일을 할까?

세상은 돌고 돈다. 아름다운 가치도 돌고 돈다. 힘든 일이지만 누군가는 해낸다. 우리도, 나도 해낼 수 있을 것이다. 그것이 무엇인가를 찾는다면!

세상을 좀 더 아름답게

앨리스는 어렸을 때 할아버지 무릎에 앉아 머나먼 세상 이야기를 들으며 꿈을 꾸었다. 할아버지는 앨리스가 원하는 두 가지 외에 한 가지 더 할 것이 있다면서 "이 세상을 좀 더 아름답게 만들라"고 했다. 그래서 노후에 자기가 사는 마을 곳곳에 루핀을 심어 멋지게 만들었다. 그리고 자신의 손녀에게도 똑같은 말을 들려주었다.

자연이 순환하는 것처럼 후손들에게 어떤 이야기가 계속 이어지는 것이 감동이다. 그리고 어떤 가치들은 물질적인 보상을 받지 않아도 큰 즐거움을 얻을 수 있다는 것을 배운다. 물질적인 보상을 받는다면 오히려 그것으로부터 얻은 행복도 그리 오래가지 못할 것이다. 그리고 '내가 좋아서' 하는 것들은 그 자체가 보상이다.

3년 전, 마음이 뜨겁게 달구어지는 영화를 보았다. 빔 벤더스 감독의 〈제네시스: 세상의 소금〉이다. 현존하는 세계 최고의 다큐멘터리 사진가로서 명성이 높은 세바스치앙 살가두의 삶과 사진 세계를 담은 영화이다. 그가 찍은 사진에서 숭고함과 경건함, 그리고 장엄함이 동시에 느껴졌다. 사진만으로도 관심이 쏠리는 사진가였지만 그의 삶이 더 궁금했다. 영화가 개봉되기 전에 우리나라에서도 그의 전시가 열렸었다는 소식을 뒤늦게 알아서 아쉽기 그지없었다.

"글을 써서 인정받고 싶다면 그에 어울리는 내면을 가져야 한다."는 유시민 작가의 말처럼, 사진도 마찬가지라는 것을 세바스치앙 살가두가 보여주었다. 이는 글쓰기나 사진에만 해당되는 말이 아닐 것이다. 예술 전 분야, 더 확대한다면 우리 삶에 있어서도 다르지 않다.

그는 인도주의자, 환경주의자의 삶을 살아왔다. 착취당하는 세상을 사람들에게 보여주고자 척박한 환경에 놓인 나라에도 오래 머물며 사진 작업을 했다. 국제연합아동기금, 국제연합난민기구 등과도 작업했다. 항상 역사적이고 사회학적인 시각에서 사진을 본 그는 펜 대신 카메라를 들었다.

내게 사진은 글쓰기다.
사진은 내가 열중하는 대상이다.
나는 빛을 좋아하고 빛 또한 하나의 언어,
그것도 매우 힘 있는 언어이기 때문이다.

— 세바스치앙 살가두, 이자벨 프랑크,《세바스치앙 살가두, 나의 땅에서 온 지구로》에서

그는 호기심이 당기고, 아름다운 감동이 있는 곳이라면 어디든 가고 싶어 했다. 사회적 불의가 판치는 곳에도 고발하기 위해서 어디로든 가고 싶어 했는데 그건 빈말이 아니었다. 해진 옷을 입고 일하는 금광 노동자들을 찍은 사진엔 많은 사람들이 흙 자루를 등에 지고 낭떠러지를 올라가고 있었다. 보고만 있어도 위험스럽기 그지없었다. 그들의 삶이 그처럼 아슬아슬하다는 걸 잘 표현하고 있었다. 그러나 한편으로는 경외스럽게도 보였다. 그것은 그가 노동자들을 인간적인 마음으로 대하고 있었기 때문이다.

어떤 사진들은 눈길을 피하고 싶을 정도로 마음 아프게 했다. 어떤 것은 숭고하고 장엄했으며 순식간에 압도했다. 풍경이나 배경 또는 오브제가 그러했기 때문만은 아니었을 것이다. 그것은 작가가 어떤 마음과 자세로 대상을 보았는가와 어떤 삶을 살아 왔느냐에도 영향이 있다고 본다.

살가두의 사진은 조선 최후 의용군인 김학철의, "작가는 말초 신경이나 자극하는 글을 써서는 안 된다."는 말을 떠올리게 했다. 글이라고 할 수 있는 그의 사진들이 '말초 신경을 자극하는 사진'이 아니라 진실을 전하기 위한 사진이었기 때문이다. 또한 그의 삶은 김학철 선생이 추구한 인권 사상가의 삶이었고, 아름다운 지구촌을 만들고자 힘을 쓴 환경 운동가의 삶이었다. 그러므로 나는 그의 작업을 사진이라는 작은 범주가 아닌 우리네 삶 자체를 말하는 것이라 받아들였다.

난민촌 사진들은 기존의 미디어에서 보았던 것보다 훨씬 비참했다. 기아로 목숨을 잃은 사람들의 모습은 차마 보기 어려웠다. 지난 40년 동안 인류 역사상 가장 비극적인 전쟁, 기아, 학살의 현장에는 항상 그가 있었다. 그러나 에티오피아 난민촌에 머물며 그들의 고통을 사진에 담아 세계에 알리던 그는 난민들의 고통이나 참혹한 현실이 구원받을 수 없음을 알고 카메라를 내려놓는다.

고향으로 돌아왔으나 자신의 어린 시절과는 달리 황량해진 모습을 보며 자신이 지켜내야 할 것은 무엇인지 고민에 빠진다. 이때 그의 아내가 말한다.

"이전처럼, 열대 우림을 만들어봐요!"

장 지오노의 《나무를 심은 사람》은 단순히 소설 속 이야기만은 아니었다. 오래전 중국 사막에 나무와 풀을 심는 여성을 보았는데, 살가두도 그런 사람이었다. 나무가 숲이 되는 과정을 지켜보며 기쁨을 느낀 그에게 사진작가로서의 열정이 되살아났다.

그런데 이제는 파괴되어가는 현실 고발이 아니라 지구의 경이로움에 헌사를 바치기로 한다. 산업과 과학문명이 발달하면서 우리 지구는 많이 개발되고 황폐해져 갔다. 그런데 놀랍게도 지구의 46퍼센트는 여전히 천지가 창조되던 때의 모습 그대로였다.

벤더스 감독은 스무 살도 더 전에 세바스치앙 살가두의 사진을 처음 보았다. 그는 살가두가 사람을 아낄 것이라는 확신을 했다. 영화

제목을 '세상의 소금'이라 한 것도 살가두의 삶이 그러했으리라는 것을 예측하게 한다. 살가두가 소금 같은 존재라면, 벤더스 감독 역시 사람을 귀히 여기는 소금이다. 벤더스 감독은 자신의 가치관을 살가두를 통해 은유적으로 말하고 있는 것이다.

지구를 파괴하고, 사람을 착취하는 것도 사람이지만 그 현장을 고발하고 세상에 알리고자 하는 존재도 사람이다. 살가두는 사진 한 장이 세계의 빈곤을 바꿀 수는 없다고 생각했지만 인류의 운명을 바꿀 수 있다고 생각하는 사람들의 감수성을 효과적으로 자극한다고 생각했다. 그리하여 인도주의 단체나 환경 단체와 함께 폭력과 배척, 환경 문제를 고발하는 사회 운동에 참여했다.

살가두는 브라질의 작은 농장주의 아들로 태어나 경제학을 공부했다. 군사독재에 반대하는 투쟁을 하다가 정치적 박해로 프랑스로 건너가 경제학 석사 학위를 받는다. 런던국제커피기구에서 높은 연봉을 받으며 일했으나 아프리카 방문 후 큰 영감을 얻어 사진가의 길로 전환한다. 일정한 간격을 두고 여러 차례 사진으로 이루어진 이야기들을 작업했다. 《다른 아메리카들》, 《인간의 손》, 《엑소더스》, 《제네시스》 등이 그것이다.

에디오피아 난민촌에서 카메라를 놓았을 때 그는 태초의 아마존에서 정신적 치유를 얻는다. 그리고 황량하게 변해가는 고향 마을에 나무를 심어 멋지고 푸른 숲을 만들었다. 미스 럼피우스가 열대섬을 시작으로 세계 여러 나라를 돌아다니다가 몸이 아파서 돌아온 것과 비슷하다. 그리고 몸을 회복한 뒤 마을에 꽃씨를 뿌려 멋지게 변화시킨 것처럼 마음이 회복된 살가두도 고향에 나무를 심었다.

살가두의 나무 심기는 브라질 대서양 연안에 숲을 조성하는 환경 프로젝트 인스치투투로 탄생하고, 나중에는 여러 재단과 기업의 도움으로 성공한다. 미스 럼피우스가 루핀 씨를 뿌리고 다녔을 때 사람들이 정신 나간 노인이라고 쑥덕거렸듯이 살가두의 계획에 대해서도 많은 이들이 미친 짓이라 했다.

이처럼 아름다운 일이 때로는 미친 짓이 되기도 한다. 그래서 신념이 없다면 실행하기 어려울 수도 있다. 하지만 아름다운 일을 하려는 마음은 강한 신념을 만들어낸다.

살가두 사진이 훌륭한 것은 그의 삶이 훌륭했기 때문이다. 그의 심장이 뜨겁기 때문이었다. 사람과 자연을 사랑하는 그 뜨거운 심장은 미스 럼피우스의 할아버지가 어린 앨리스에게 말한 것처럼 '세상을 아름답게' 변화시켰다.

《미스 럼피우스》와 〈제네시스:세상의 소금〉은 같은 주제로 나를 깨워 흔들었다. 나도 아름다운 세상을 위해 무언가를 해야겠다는 마음이 일어섰다. 무엇을 어떻게 해야 할지 당장 답이 떠오르지 않더라도 이 이야기들을 내 안에 담아놓고 있다 보면, 분명 언젠가 그 기회를 만들 수 있을 것이라 믿는다.

《미스 럼피우스》
바버러 쿠니 글·그림, 우미경 옮김, 시공주니어

〈제네시스: 세상의 소금〉
빔 벤더스 감독

100대 1

　한 번 보고 쓱 밀쳐놓았던 책이 내 인생 책이 될 줄 어찌 알았겠는가. 사노 요코의 《100만 번 산 고양이》를 말한다. 나는 판타지에 잘 스며들지 못하는 사람이다. 따라서 이 이야기를 읽고 얼토당토않은 이야기라 생각한 것이 당연했을 것이다. 전생이니, 후생이니 하는 것을 믿지 않으므로 얼룩 고양이가 백만 번이나 태어난다는 사실이 영 마뜩찮기도 했을 터이다.

　그러다가 누군가가 쓴 글을 읽었다. 이 책을 읽고 눈물까지 흘렸다는 것이다. 나에게는 아무런 느낌도 없었던, 아니, '무슨 이런 책이 다 있어?' 하면서 밀쳐둔 뒤로 눈길도 주지 않은 책이 아니던가. '대체 어디에서 눈물을 흘리고 감동을 받았을까?' 순전히 그것이 궁금해서 책을 다시 펼쳐보았다. 그 책을 처음 보고 나서 몇 해가 흐른 뒤였다.

그 사이 세상을 보는 시선이 달라졌는가. 뭉클함이 몰려왔다. 처음 보았을 때는 판타지라는 선입견이 있어 이야기 속으로 제대로 들어가지 못했을까? 많은 상징과 뜨거운 메시지가 내 심장을 타고 흘러 들어왔다. 《100만 번 산 고양이》는 '얼토당토않은 책'이 아니라 내 삶의 철학에 아주 잘 맞는 책이었다. 그리고 여러 번 읽어도 여전히 울컥하게 만드는 책이 되었다.

그 뒤로 사노 요코에게 많은 관심이 생겼다. 작가의 다른 그림책 역시 내 감성을 충분히 자극했고, 공감하게 했으며, 깨달음을 던져주었다. 그래서 사노 요코의 전작주의가 되어가고 있다. 한국에 출간되는 그림책들은 물론이요, 《100만 번 산 고양이》 일본어판도 사고, 고양이 캐릭터 인형들도 샀다. 최근엔 작가의 에세이집이 줄줄이 출간되고 있어 현재 가지고 있는 것이 7권이나 된다. 사노 요코의 책을 관리하는 페이스북을 찾아 친구로 맺었고, 언제쯤 기념관이 생기나 기다리고 있다. 단 한 권의 책, 《100만 번 산 고양이》가 주는 힘이 이 정도가 되었다. 이 책의 무엇이 나를 사노 요코의 광팬으로 만들었는가?

백만 년이나 죽지 않은 고양이가 있었다. 멋진 고양이였기 때문에 그 주인이 되는 사람들은 한결같이 고양이를 끔찍이도 아꼈다. 문제는 고양이 마음이었다. 전쟁터에까지 데려간 임금님, 온 세계의 바다와 항구로 데려간 뱃사공, 서커스를 함께한 마술사, 도둑질하러 갈 때 데려간 도둑, 온종일 무릎 위에 올려놓고 살던 할머니, 날마다 업고, 껴안고 자는 어린 여자아이 등이 고양이 주인이었다. 백만 명 주인이 고양이를 귀여워했고, 백만 명 주인이 고양이가 죽었을 때 울었다. 하지만 고양이는 단 한 번도 울지 않았다. 고양이는 주인이 싫거나 주인이 데려가는 곳, 주인이 하는 일들이 싫었기 때문이다.

한때 고양이는 누구의 고양이도 아니었습니다.
도둑고양이였던 것이죠.

한껏 자유로워진 얼룩 고양이는 처음으로 자기만의 고양이가 되었다. 그런 자신이 좋았다. 그리고 많은 암고양이들이 얼룩 고양이의 신부가 되고 싶어 했다. 앞다투어 선물을 가져오고, 고양이를 핥아주었지만 고양이는 거들떠보지 않았다. 자신은 '백만 번이나 죽어본' 고양이이고, 그 누구보다 자기 자신을 좋아했기 때문이다.

그런데 딱 한 마리, 이 멋진 고양이를 본 체도 하지 않는 고양이가 있었으니 새하얗고 예쁜 고양이였다. 얼룩 고양이가 이 하얀 고양이에게 관심을 보였으나 그저 새침하게 있을 뿐이었다. 이상하게도 얼룩 고양이는 이 고양이 앞에서는 "백만 번이나 죽었다."는 말을 꺼내는 것이 쑥스러웠다.

하얀 고양이 곁을 떠나지 않고 있던 고양이는 결국 마음을 얻었고, 둘은 귀여운 새끼들을 많이 낳았다. 고양이는 하얀 고양이와 새끼 고양이들을 자기 자신보다 더 좋아할 정도였다. 그러니 이제는 다른 고양이들한테 뻐기기 위해 했던 "난, 백만 번이나……."라는 말을 할 필요가 없었다. 풀숲에서 가족을 이루어 새끼 고양이들과 행복하게 사는 모습이 정겹게 그려진 장면에서 얼룩 고양이는 더없이 생기가 넘치고 행복해 보인다.

새끼들은 자라서 뿔뿔이 흩어지고, 하얀 고양이는 조금 할머니가 되었다. 얼룩 고양이는 한층 부드러운 고양이가 되었고, 하얀 고양이와 오래오래 살고 싶다고 생각했다.

그런데 어느 날 하얀 고양이가 고양이 곁에서 조용히 움직임을 멈추는 것이 아닌가. 고양이는 처음으로 울었다. 밤이 되고 아침이 되도록…….

또 밤이 되고 아침이 되도록 고양이는 백만 번이나 울었습니다.
아침이 되고 또 밤이 되고, 어느 날 낮에 고양이는 울음을 그쳤습니다.
고양이는 하얀 고양이 곁에서 조용히 움직임을 멈췄습니다.

이 장면이었다. 자꾸만 뭉클하게 하고, 눈시울을 적시게 하는 장면. 자유의 몸이 된 고양이가 다른 고양이를 만나 한껏 사랑하여 가족을 만들고 새끼들을 잘 키워 독립시켰다. 그리고 할머니 고양이와 함께 살다가 그 고양이가 먼저 떠나자 목젖이 다 보이도록 울었다. 그렇게 며칠이고 슬피 울더니 얼룩 고양이도 사랑했던 하얀 고양이 곁에서 조용히 움직임을 멈추었다. 그리고 두 번 다시 살아나지 않았다.

아름답고도 감동적인 이야기다. 사노 요코는 두 번 결혼하고 두 번

이혼했다. 천천히 붕괴되던 가정을 힘겹게 꾸려나가면서 이 그림책을 냈는데 그림책 중에서 드물게 잘 팔렸다고 했다. 그리고 이 책에 대해 말하기를, '한 마리 고양이가 다른 한 마리 암고양이와 우연히 만나 새끼고양이를 낳고 이내 죽는다는 이야기뿐'이라고 했다.

일본에서도 우리나라에서도 인기가 많은 이 책이 단순히 그 줄거리 때문에 그런 것은 아닐 것이다. 현재 우리들 가운데에 온전한 자신으로 살지 못하는 사람이 많기 때문이며(이것은 '자유'를 말하는 것이기도 하다), 이 세상에서 가장 가치 있는 것이 바로 '사랑'이라는 것을 말하고 있기 때문이다.

고양이가 백만 번이나 죽었는데 백만 번이나 태어난 것은 자신이 원하는 삶을 살지 못했기 때문이다. 우리도 삶이 만족스럽지 않을 때, '다시 태어난다면, ~게 살 거야!'라는 말을 종종 한다. 또는 '원 없이 살았으니 이제 죽어도 좋아!'라고도 하며, 반대로 나는 '~을 해야 눈을 감는다. 그 전에는 절대 못 죽어.'라고도 한다.

부족할 것도, 넘칠 것도 없는 삶을 살았다. 거룩하고도 아름다운 삶이다. 고양이 자신에게는 최고로 빛나고 영광스러운 삶이었을 것이다.

당신 인생에서 단 한 장면을 꼽는다면

얼룩 고양이가 자신의 생에서 가장 소중한 장면을 고른다면 어떤 것일까? 하얀 고양이를 처음 만났을 때? 아니면 자신의 마음을 하얀 고양이가 받아주었을 때?

고레에다 히로카즈 감독이 만든 영화 〈원더풀 라이프〉를 보고 나서 나도 지금까지 살아온 시간 속에서 단 한 장면만을 고른다면 무엇일까 생각해 보았다. 쉽지 않았다. 남편을 처음 보았을 때일지, 우리 아이들이 태어난 순간인지, 그것도 아니면 첫 책이 출간되었을 때인지……. 영화 속 한 등장인물도 처음엔 너무 많아서 고르기 힘들어 했다. 그 많은 추억 가운데 우위를 가른다는 것은 가혹한 일이 아닐 수 없다. 그러함에도 〈원더풀 라이프〉는 지금까지 지나온 삶을 돌아보게도 하고, 남은 삶을 어떻게 살아갈지에 대해 많은 생각을 하게 했다.

이 영화를 보기 바로 전에 죽음을 다룬 우리나라 영화도 상영되고 있었다. 그때 가장 많은 인기몰이를 하고 있었고, 블로그 여기저기에도 리뷰가 오르고 있었다. 궁금해서 보았으나 극장 문을 나설 때는 아쉬움이 들었다. 망자가 49일 동안 7번 재판을 받고 착한 사람으로 판정되어 살아 돌아온다는 이야기였다. 여기에서는 '장엄'이라는 단어 대신 '스펙터클'이라고 써야 할 만큼 기술적인 면은 대단했다. 흥미도 있었다. 그러나 전해지는 메시지는 약했다. 아직 '죽음'을 받아들이는 공부가 덜 된 우리 사회를 보여주는 느낌도 들었다. 죽음을 받아들이

기보다는 삶에 미련이 남아 있다는 인상이 강했다.

그에 견주어 〈원더풀 라이프〉는 죽음을 부정하지도, 미화하지도 않으면서 '죽음은 삶의 완성'이라는 메시지를 잔잔하게 전해주었다. 중년을 살고 있는 내게 더없이 긴 여운을 남겨주는 영화였다. 판타지이면서도 우리 일상이 연장되는 것처럼 자연스럽고 아주 현실적으로 보였다(이런 걸 보면 내가 판타지를 좋아하지 않는다고 한 것은 맞는 말이 아니다).

영화의 배경은 '림보'이다. '림보'는 로마 가톨릭에서 주장하는 장소로서 지옥과 천국 사이에 있는 연옥을 말한다. 그리스도를 믿을 기회를 얻지 못했지만 착한 사람이나 영세를 받지 못한 어린아이 영혼이 머무는 곳이다.

월요일이 되면 오래된 건물로 사람들이 차례로 들어온다. 죽은 이들이다. 세상과 떨어져 있는 공간이지만 그것 빼고는 어느 연수원 같은 데 들어온 것 같은 느낌이어서 그들조차도 자신이 죽었다는 사실을 인식하기 쉽지 않다. 그곳에서 일하는 직원이 처음 만나 인터뷰를 시작할 때, "어제 돌아가셨습니다. 조의를 표합니다."라는 인사말과, 안개 낀 것처럼 뿌연 문밖 풍경이 다른 세상이라는 느낌이 들 정도이다.

면접관들은 말한다.

"인생에서 가장 소중했던 추억을 사흘 내에 딱 하나만 고르세요."

죽은 이들이 그것을 고르면 직원들은 영상으로 재현해 시사실에서 상영한다. 그 영화를 보면서 추억이 선명하게 되살아나는 순간 망자들은 그 추억을 안고 저세상으로 간다.

백만 번 산 고양이가 세상을 떠나지 못한 것처럼 림보를 떠나지 못하는 이들이 있다. 소중한 장면을 선택하지 못한 이들이다. 이들은 림보에 남아 직원이 된다. 그리고 망자들을 인터뷰하여 한 장면을 고르도록 도와주고, 소품을 구해서 영화를 제작하여 저승으로 잘 떠날 수 있도록 해준다.

그런데 무려 70년째 그곳에 남아 있는 이가 있었다. 약혼자를 두고 이십대에 전사한 이였다. '약혼녀가 림보에서 자신과 함께 있는 장면을 고른 것을 알고서야 마침내 떠나기로 마음먹는다. 망자들도 대부분 가족이나 연인과의 소중한 한 장면을 골랐다.

이처럼 '사랑'은 가슴 시린 고통을 안겨주기도 하지만 죽음을 받아들일 수 있게 해주는 존재라는 것을 다시 확인받을 수 있었다. '사랑', 세상을 살아가는 가장 큰 이유이기에 먼 옛날부터 지금까지 그 많은 노래와 소설의 소재가 되고 있는 것이다.

《100만 번 산 고양이》나 〈원더풀 라이프〉는 가요 〈백만 송이 장미〉를 모티프로 하고 있지 않나 하는 생각이 들기도 한다.

미워하는 미워하는 미워하는 마음 없이
아낌없이 아낌없이 사랑을 주기만 할 때
수백만 송이 백만 송이 백만 송이 꽃은 피고

그립고 아름다운 내 별나라로 갈 수 있다네

이 노래에서는 누군가를 아낌없이 사랑을 하면 사랑의 상징인 장미꽃이 피어나 자신이 왔던 별나라로 갈 수 있다고 말하고 있다. 〈원더풀 라이프〉에서도 그런 사랑을 한 사람들은 주저 없이 사랑하는 이와의 추억이 있는 장면을 골라 어렵지 않게 저세상(별)으로 떠날 수 있었다. 얼룩 고양이야말로 진실한 사랑을 하지 못했을 때는 계속해서 다시 태어났다. 자신이 태어난 별나라로 갈 수 없었기 때문이리라. 하얀 고양이를 만나 진실된 사랑을 하자 비로소 떠날 수 있었다.

그러므로 생을 가장 아름답게 완성하는 열쇠는 '사랑'이다. 사랑하는 이에게 아낌없는 마음을 쏟아 그것으로 깊은 만족감을 얻으면 아름답고도 후회 없는 삶을 살았다고 여길 것이다. 그런 사람들이면, '난 지금 죽는다 해도 원이 없어!'라는 말도 할 수 있을 것이다. 그리고 그들은 자신의 인생에서 가장 소중한 한 장면을 바로 고를 수도 있을 것이다. 그 장면을 가슴에 품으면 죽음도 크게 두렵지 않을 테고 말이다.

《모리사키 서점의 나날들》에 이런 말이 나온다.

"누군가를 사랑한 추억은 마음속에서 결코 사라지지 않아. 언제까지나 기억 속에 남아서 마음을 따뜻하게 데워준단다."

생이 다하여 저세상으로 갈 때, 우리를 인도하는 것은 죽음의 신이 아니라 바로 '사랑'이리라. 우리를 포근히 감싸 안아주고 마지막까지 동행해줄 다정한 길동무.

그대는 그런 사랑 얻었는가.

《100만 번 산 고양이》
사노 요코 글·그림, 김난주 옮김, 비룡소

〈원더풀 라이프〉
고레에다 히로카즈 감독

사라진 로또

 치과 의사가 깔끔하다면 나쁠 게 있겠는가. 환자들은 할 수만 있다면 더욱 깨끗하게 해달라고 요구할 것이다. 깨끗할수록 그 의사에 대한 신뢰감도 높아갈 것이다.
 《세상에서 가장 맛있는 무화과》의 표지를 보면 무화과를 먹으려고 눈을 감고 입을 크게 벌리고 있는 한 남자가 있다. 치과 의사 '비보 씨'이다. 그는 한눈에 봐도 깔끔한 사람이다. 퇴근 후 잠자리에 들기 전인데도 머리에서부터 콧수염, 와이셔츠, 실내복까지 한 점 흐트러짐이 없다. 그런데 과유불급이라고, '깔끔'이 지나쳐 자신의 인간미를 다 잡아먹은 듯한 인상이다. '비보'라는 이름에서도 안 좋은 조짐이 느껴진다. 게다가 그는 까다롭기까지 하다.
 비보 씨는 병원은 물론 자기가 사는 아파트도 늘 깔끔하게 청소한다. 자신이 기르는 개 마르셀이 가구 위에 올라앉기라도 하면 무섭게 야단을 쳐서 마음대로 짖지도 못한다. 단둘이 살고 있고, 자신이 데리고 사는 개인데 왜 그리 싫어하고 막 대하는지 이해가지 않는 부분이다.

《세상에서 가장 맛있는 무화과》는 무화과를 매개로 벌어지는 비보 씨와 마르셀의 갈등 구조를 보여주고 있어 읽는 재미가 있다.

이야기는 어느 날 아침 예약도 없이 찾아온 한 할머니로부터 시작된다. 이가 심하게 아픈 할머니가 비보 씨에게 치료해 달라고 매달리자 처음에는 예약을 하지 않아 봐 줄 수 없다고 한다. 하지만 자투리 시간에 돈을 벌 수 있다는 생각으로 치료를 해주기로 한다.

할머니를 깔아뭉갤 것 같은 자세로 치료하는 비보 씨는 맨손으로 할머니 눈을 꽉 누르고 이 빼는 도구 하나만으로 치료하고 있다. 돈을 벌려고 하는 그 마음이 얼마나 급한지 단순한 그 장면으로 전부를 말해주는 듯하다.

문제는 할머니에게 치료비가 없다는 점이다. 치료를 마친 할머니가 돈 대신 특별한 것이라면서 무화과 두 개를 내밀고 있다. 그 모습을 바라보고 있는 비보 씨 이마에는 큰 주름이 잡혀 있다. 주먹을 꽉 쥔 두 손과 힘이 잔뜩 들어가 있는 눈과 입을 보면 보통 화가 나 있는 게 아니다. 그는 급기야 무화과를 내던지며 약도 주지 않고 할머니를 문밖으로 쫓아내고야 만다.

그날 저녁 내던졌던 무화과를 먹고 잔 비보 씨는 다음 날 마르셀을 억지로 끌고 산책을 나간다. 그런데 자신이 속옷만 입고 있다는 것을 알고서는 깜짝 놀란다. 그것은 전날 밤 꾼 꿈 내용과 같은 장면이 아닌가. 그때서야 비보 씨는 그 무화과가 보통 무화과가 아니었다는 것을 알게 된다. 할머니가 한 말도 떠올랐다.

"이 무화과는 아주 특별하다우.
선생이 꾼 꿈이 진짜로 일어나게 될 거요."

무화과의 특별한 효능을 알고 난 비보 씨는 무화과 한 개를 어떻게 쓸 것인가 고민하기 시작한다. 원하는 대로 꿈을 꾸는 법을 연구하려고 책을 열 권도 넘게 읽는다. 잠들기 전에는 거울에 비친 자기 모습을 보며 이렇게 말한다.

"비보는 세상에서 가장 부자다.
비보는 세상에서 가장 부자다!"

침대에서 잠을 자고 있는 비보 씨 얼굴에 미소가 서려 있다. 자기가 원하는 꿈을 꾸고 있는 모양이다. 이제 비보 씨는 날마다 같은 꿈을 꿀 수 있게 되었다. 멋진 보트와 자가용 비행기를 가지고 있고, 지중해에 있는 궁궐 같은 집에 사는 부자가 되는 꿈이었다.

드디어 두 번째 무화과를 꺼냈다. 다음 날이면 세상에서 가장 돈 많은 부자가 될 생각에 비보 씨 심장은 마구 부풀어올랐을 것이다. 주방 입구에서 자신을 쳐다보고 있는 마르셀을 보면서 앞으로 크고 멋진 사냥개와 산책을 나갈 것이라 상상한다.

이제 하나 남은 무화과만 먹으면 모든 것이 이루지게 된다. 비보 씨는 무화과 담은 접시를 식탁에 놓고 치즈를 꺼내려고 잠시 등을 돌렸다. 순간 개 짖는 소리와 함께 접시 깨지는 소리가 들렸다. 돌아보니 자신에게 늘 구박 당하던 마르셀이 무화과를 먹고 있었다.

이튿날 어찌 되었을까?

잠에서 깨어난 비보 씨는 몹시 어리둥절했다. 자신은 침대 밑에서 자고 있었고, 눈앞에 자기 얼굴이 불쑥 나타났다. 그 얼굴이 이렇게 말했다.

"자, 이제 산책 나갈 시간이다.
이리 온, 마르셀."

마르셀은 무화과 효능 같은 건 알 수 없었을 것이다. 평소 주인인 비보 씨에게 반발심을 품고 화가 날 때마다 복수 한번 시원하게 하고 싶었을 것이다. 무화과는 그저 먹고 싶어서 먹었을 뿐인데 운 좋게도 신세가 서로 바뀌어 복수를 맘껏 할 기회를 얻은 것이다. 그러므로 이제 마르셀은 사정 같은 건 봐주지 않고 비보 씨를 맘대로 끌고 나가 복수 산책을 할 것이다. 비보 씨 운명이 불 보듯 뻔하다.

그 일이 초 사이에 비보 씨 운명이 바뀌어버리고 말았다. 손 안에 있던 1등 로또 당첨 복권이 순식간에 사라진 것과 같다. 평소 덕을 쌓지 못하면 있던 복도 새어나가는 법이다. 친절하게 대하고 예뻐했다면 개도 주인을 위해 뭔가를 하고 싶어 했을 것이다. 개는 충성심이 가장 높은 존재인데 오죽했으면 마르셀이 비보 씨 역할을 하려고 했을까?

주인의 욕망을 한순간에 취한 마르셀과 비보 씨를 보고 역시 키우는 개에게 자신의 소중한 물건을 잃게 된 한 영화 속 주인공이 떠올랐다.

패터슨과 마빈

'일상을 시로 쓰는 버스 운전사'가 주인공이라 해서 보게 된 〈패터슨〉은 하루하루의 일상을 일주일로 구성한 영화이다. 지루하다 할 만큼 전개가 느리고 단조롭다.

주인공 패터슨은 미국 뉴저지에 있는 작은 도시 패터슨에 산다. 담백하고 단조로운 그의 일상만큼이나 그의 삶도 표정도 그러하다.

그는 언제나 알람 없이 일어난다. 알람에 의지하여 무거운 하루를 여는 현대인들과는 사뭇 다른 모습이다. 눈을 떠서 손목시계를 들어 확인하면, 시곗 바늘은 여지없이 6시에서 6시 반 사이를 가리키고 있다.

그는 2층에서 내려와 시리얼을 먹고 아내가 싸준 도시락을 들고 걸어서 출근한다. 23번가를 돌며 운전하다가 점심때가 되면 그는 폭포 아래에서 도시락을 먹는다. 퇴근한 뒤에는 아내와 저녁을 먹은 뒤 애완견 마빈을 데리고 동네 산책을 나간다. 산책을 나간다고 하지만 날마다 마빈을 술집 앞에 매놓고 자신만 안으로 들어간다. 그곳에서 맥주 한잔하며 하루를 마무리한다. 그러면 다시 아침이다.

아무 일도 일어날 것 같지 않은 분위기와 반복되는 일상에 양념처럼 등장하는 요소들이 있다. 버스 운전석에 앉아 출발할 때까지 비밀 노트에다 시를 쓰는 패터슨의 머릿속, 출발 시간이 되었다고 날마다 와서 알려주는 동료가 들려주는 짤막한 이야기, 버스를 탄 손님들이 나누는 이야기, 날마다 가는 동네 술집 주인장과 나누는 이야기와 그곳에서 벌어지는 일들이다.

가장 역동적인 분위기로 바뀔 때는 패터슨이 아내와 있을 때이다. 패터슨의 아내는 남편과 아주 다른 성향으로 무척 활기차고 창의적이며 매력적이기까지 하다. 남편이 출근할 때는 잠 속에 빠져 일어나지 않지만 그를 위해 정성 가득한 도시락을 늘 준비해둔다. 손수 커튼을 만들어 달기도 하고, 마켓에 팔 다채로운 컵케이크를 만들기도 한다. 컵케이크로 사업을 구상하고, 컨트리 가수가 되고 싶어 기타를 사 혼자 곡을 익히기도 한다. 집과 컵케이크, 그리고 패션을 자신이 좋아하는 블랙으로 맞추기도 하는, 감각의 소유자다.

패터슨의 아내는 남편을 무척 살갑게 대하며 남편의 삶을 이해하고 존중해준다. 무엇보다도 그의 시를 사랑한다. 종종 그에게 직접 쓴 시를 들려달라고 하면서 그가 읽어주면 귀 기울여 듣고 훌륭하다고 한껏 칭찬한다. 그리고 여러 사람이 볼 수 있게 책으로 내자고 독려한다. 복사를 해놓으라고도 여러 번 말하지만 패터슨은 실행에 옮기지 못한다. 하지만 나중에는 그도 흔들린다.

패터슨에게는 모든 것이 시 재료다. 시리얼을 먹으며 본 성냥도, 버스 안에서 들은 손님들 이야기도, 그리고 아내도, 시로 기록한다. 겉으로 보면 그의 삶이 단조로워 보이지만 무표정한 속에서도 머릿속과 심장은 시로 가득 차 있어서 내면은 그 누구보다 뜨겁고 활동적일 것이다.

패터슨은 자신을 아끼고, 자신의 시를 좋아해주는 아내와 사는 삶이 만족스럽다. 그러므로 그도 아내가 원하는 것이라면 모두 지지해주고, 아내가 무언가를 말할 때면 늘 다정다감하게 대답해준다.

이렇게 사랑스러운 부부를 늘 마땅찮게 보는 존재가 있었으니 그들의 반려견 마빈이다. 제69회 칸영화제에서 '팜도그상'을 받았다는 마빈은 표정이 독특한 불독이다. 패터슨 부부가 다정한 모습을 보이기라도 하면 으르렁댄다. 패터슨보다는 아내를 더 좋아하여 질투심에 불타오르는 것이다.

사건은 아내가 컵케이크를 팔고 온 날 저녁에 일어난다. 돈을 많이 벌었다고 신이 난 아내가 저녁을 사겠다 하여 부부는 외식을 하고 영화까지 보고 들어온다. 그런데 거실 바닥에 종잇조각들이 어지러이 널려 있었다. 패터슨이 늘 끼고 살며 시를 쓰는 노트였다. 마빈이 한 짓이었다.

패터슨은 지하에 있는 서재로 내려와 자신이 가장 존경하는 패터슨 출신의 시인 윌리엄 카를로스 윌리엄스 책을 펼치며 속을 달랜다. 그 모습에서 패터슨이 얼마나 절망감에 싸여 있는지 알 수 있었다. 그에게 있어 삶을 살아가는 이유이자 버팀목이었던 노트가 아니던가?(물론 마지막 장면은 다시 일어서는 그의 모습을 보여준다.)

그림책《세상에서 가장 맛있는 무화과》와 영화〈패터슨〉에 등장하는 반려견들은 이야기를 반전시키는 존재로 나온다. 마빈의 경우는 패터슨을 질투하는 부분이 있지만, 마르셀과 마빈 둘 다 평소에 불만을 가지고 있는데 '산책'과 관계가 없지 않다고 생각한다.

나도 반려견을 키우며 체험으로 알게 되었는데 개들은 산책을 가장 좋아하는 것 같다. 아무리 같이 있어주고, 맛난 것을 주어도 산책을 자주 시켜주는 사람을 가장 따르고 신뢰한다. 우리 반려견이 예민하기 때문에 그 변화를 빨리 알아챌 수 있다.

《세상에서 가장 맛있는 무화과》에서 비보 씨는 산책을 나갈 때 계단으로 올라가려는 마르셀을 억지로 끌고 올라가고, 다리가 짧은 마르셀이 따라가기 힘들 정도로 큰 걸음으로 갔다. 마르셀이 나무 밑이나 덤불 사이에 코를 대고 냄새를 맡으려고 할 때마다 목줄을 세게 잡아당겨 힘들게도 했다. 평소 구박하고 볼품없다 여기기도 했다. 그래서 서로 위치가 뒤바뀌자 마르셀은 자기가 당한 것을 그대로 복수하려고 그랬는지 개로 변한 비보 씨를 향해 첫 번째로 한 말이 바로 '산책 나가자'였다.

요즘 반려동물에 대한 프로그램이 많다. 그것들을 보고 있자면 동물도 사람 못지않게 많은 생각을 하고 있다는 것을 알 수 있다. 집 안에만 있다 보면 얼마나 답답하겠는가. 그래서 산책 나가기를 기다리고 있는데 패터슨은 마빈을 데리고 나가 날마다 자신이 좋아하는 술집 앞에 매놓고 들어간다. 그러고는 차가운 바닥에 앉아 기다리라고 한다.

그러잖아도 자신의 여주인과 사이좋게 지내는 게 못마땅해 죽겠는데 밤마다 어둠 속에 홀로 있다 보면 그 불만이 얼마나 많이 쌓일까. 날마다 우체통을 삐딱하게 밀어놓고 퇴근하는 패터슨이 그것을 바로 세워놓는 것을 지켜보는 마빈이라면, 그 노트가 패터슨에게 무척 소중하다는 것쯤 대번에 알 수 있을 것이다. 아마 마빈도 미르셀처럼 그 무화과를 먹었다면 같은 생각을 하지 않았을까? 패터슨을 어둠 속에 매 두고 술집에 들어가서 그 동안 주인이 한 것처럼 행동할 것이다.

〈패터슨〉을 나와 같은 시각으로 본 이는 그리 많지는 않을 것이다. 내겐 《세상에서 가장 맛있는 무화과》가 워낙 인상 깊은 책으로 남아 있었기에 〈패터슨〉에서 노트가 찢겨진 장면을 보는 순간 떠올리지 않을 수 없었다. 내용은 다르지만 무화과나 시 노트는 두 주인공들에게 더없이 소중한 것이었고, 그들의 욕구를 실현해줄 도구로 나온다. 그리고 그것을 자신들이 키우는 반려견에게 잃게 된 점도 같기 때문이다.

　미국에선 반려동물에게도 관계 대명사 'WHO'를 쓴다는 말을 들었다. 사람 못지않게 반려견과도 좋은 관계를 맺어야 된다는 것을 암시해주고 있는 것은 아닐까? 자신을 많이 사랑해주던 사람이 세상을 떠나거나 어디를 가면 몇 년이 지나도록 밥을 먹지 않아 빼빼 마른 개도 보았고, 주인이 다니던 곳들을 날마다 순회하는 개도 보았다. 큰 상실감을 가지고 있는 사람이 반려동물을 키우면서 회복하는 것도 보았다.

　두 이야기를 보며 이젠 반려동물들도 단순히 같은 공간에 있는 존재가 아니라, 인간의 삶을 좌지우지할 수도 있는 위치에 있음을 상징적으로 말해주고 있는 것은 아닌지 음미해본다.

《세상에서 가장 맛있는 무화과》
크리스 반 알스버그 글·그림,
미래M&B

〈패터슨〉
짐 자무쉬 감독, 2017년.

 ## 책이 뭐길래!

　책이 탑처럼 쌓인 수레를 끌고 가는 여성이 있다. 얼굴은 책에 가려져 보이지 않는다. 고양이가 놀라 쳐다보는 것은 수레에서 책이 떨어지고 있기 때문인데 정작 그 여성은 모른다. 저러다가 전봇대에 얼굴을 박기라도 하면 어쩌려고 그러나? 이것은 그림책 《도서관》의 표지 그림에 대한 이야기다.

　표지를 열어 면지를 보면 책이 한가득 꽂힌 책장이 보인다. 다시 한 장 넘기면 왼편에는 비둘기가 날아 오고 있고, 오른쪽에는 또 얼굴이 가려진 채 책을 읽고 있는 여성이 있다. 왼손에 들고 있는 봉지 주위로 비둘기들이 떼로 몰려 있다.

　또 한 페이지 넘기면 검고 큰 우산을 쓰고 씩씩하게 빗속을 걸어가는 여성이 있다. 역시 안 보이는 그녀 얼굴. 또 책이 가리고 있다. 그래서 이 그림책이 좋았다. 본문으로 들어가기 전부터 그녀가 엄청난 책 사랑꾼이라는 것을 보여준다.

그녀 얼굴엔 눈, 코, 입이 달려 있는 것이 아니라 책이 있다. 그래서 그녀는 책이다. 한마디로 '책이 얼굴 되려는 여자'다. 다채로운 재료로 독특한 초상화를 그린 주세페 아르침볼도가 살아 있다면, 이 그림책을 보고 여성의 초상화를 그려 달라고 해보고 싶다.

엘리자베스 브라운이

이 세상에 나왔어요.

하늘에서 뚝 떨어져내렸지요.

책 좋아하는 사람이 다 그런 것은 아니지만 대체로 그려지는 마르고, 눈 나쁘고, 수줍음 많은 아이가 바로 '책이 얼굴 되려는 여자'이다. 인형놀이나 스케이트에는 영 관심 없고 책 읽기만 좋아했으니, 잠잘 때에도 늘 책을 끼고 누웠으니, 학교 기숙사에 들어갈 때 가져 간 트렁크 안에도 온통 책이었으니, 침대 위에 책을 올려놓으니 침대가 무너져내렸을 정도니, 물구나무서며 운동할 때도 책에서 눈을 떼지 않았으니, 책 읽으며 청소기로 마루를 돌리다가 문설주를 들이받을 때도 있었으니, 의자 위에도, 마룻바닥에도 책이 쌓여 마침내 현관문까지 막아버릴 정도로 책이 많았으니, 어디 그녀가 이 세상 사람이겠는가. 하늘에서 뚝 떨어졌을 테지.

엘리자베스 브라운은 책을 단 한 권도 더 사들일 수 없는 가슴 아픈 사실을 현실로 받아들여야만 했어요.

엘리자베스 브라운은 이날 오후 시내로 가서 곧장 법원으로 갔다. 그곳에서 기부 절차에 필요한 서류를 가져와서는 거침없이 써내려갔다.

나 엘리자베스 브라운은 전 재산을 이 마을에 헌납합니다.

그러고는 친구 집으로 거처를 옮기고 늙어서까지 오래오래 같이 살았다. 둘은 하루가 멀다 하고 도서관을 찾았다. 아니 엘리자베스는 옛 자기 집을 찾았다. 여전히 걸으면서 책장을 넘기고 또 넘기면서.

기부를 하기 전, 현관문까지 막아버릴 지경이 되었을 때에도 엘리자베스 브라운 무릎에는 읽던 책이 놓여 있었다. 쌓이고 쌓인 책탑들 때문에 그녀 집은 완전히 숲이 되어 있었다. 숲 어느 골짜기에서 엘리자베스 브라운이 깃들어 살고 있는 것처럼 보일 정도였다.

왜 그때까지 책 처리를 안 했는지 의문을 가지려 할 때 거침없는 반전이 몰아쳤다. 이 책의 매력이 돋보이는 장면이다. 그냥 책 속에 갇혀 혼자만의 세계를 탐닉하는 사람이 아니었음을 알 수 있었다. 그녀는 자신이 가진 모든 것, 그러니까 그녀에게 책 말고 특별히 다른 것은 없어 보이지만 그녀에게는 가장 귀한 재산이었을 책이 가득 쌓인 집을 마을 도서관으로 만들었다는 것이다. 그렇게 해서 탄생한 '엘리자베스 브라운 도서관', 얼마나 눈부신 일인가! 강한 펀치 한 대가 날아오는 것 같았다.

자신이 오랜 시간 읽은 책 전부를 마을에 내어줄 수 있는 너른 가슴은 책을 읽었기 때문에 만들어졌을 것이다. 책이 우리 인생에 얼마나 좋은 영향을 끼치는지 엘리자베스는 알고도 남았을 것이다. 책과 함께하는 삶이 그녀에게는 가장 행복했을 것이고, 그 행복을 보다 많은 사람들과 함께 누리고 싶었을 것이다. 진정한 독서가다.

나는 언제쯤이면 미련 갖지 않고 훌훌 남에게 넘겨줄 수 있을까? 엘리자베스 브라운은 몇 권도 갖고 나오지 않은 것 같다. 그대로 다 두고 나왔고, 자신은 책을 빌리기 위해 하루도 안 거르고 자기 집이었던 '엘리자베스 브라운 도서관'으로 갔으니 말이다.

정확한 기억은 아니지만 나는 아이를 낳기 전까지는 남에게 책을 빌려주지 않았다. 아이를 낳고 나서는 마음이 조금은 너그러워져서 빌려준다. 겉으로는 책이 돌아오지 않을 것이라는 핑계(실제로 그런 경험들이 있었지만) 삼아 그랬다. 실은 내 책이 다른 사람 손에 가는 자체를 받아들이지 못했다. 지금도 많이 아끼는 책은 못 빌려준다. 아예 새 책을 사서 선물로 주고 만다.

《100세까지의 독서술》을 쓴 쓰노 가이타로는 3년에 한 번 꼴로 반복된 이사 경험을 통해 몇 번에 나눠 조금씩 처분한다. 이사하기 한 달 전부터 날마다 골판지 상자 하나에라도 책을 채워 방 한쪽에 쌓아 둔다. 동시에 필요 없는 책은 헌책방 주인을 부르거나 젊은 친구들에게 떠맡겨 전체의 3분의 2 정도까지 야금야금 줄인다. 젊었을 때 4천 권 정도를 한 번에 줄인 적이 있는데 그 충격에서 벗어나기까지 반년 이상이 걸렸다고 한다.

현재 내 책이 정확히 몇 권인지는 알 수 없지만 거실 양쪽 벽, 안방, 거실 화장실 옆 벽, 심지어 신발장 위에도 책이 꽉 찬 책장이 있다. 그도 모자라 거실 바닥에도 쌓여 있다. 이런 상황에서 책장에 있는 책 전부 또는 반 정도가 사라지는 상상을 해보았다. 영혼이 잘려나가는 기분이 아닐까? 삶의 무게를 가장 많이 차지하고 있는 부분이 사라진다면 누구나 그럴 것이다.

그러나 거실 바닥까지 책탑이 쌓여가자 스트레스가 왔다. 그래서 중간에 몇 번 정리했다. 아주 힘든 일도 한번 해보면 점차 대범해진다. 처음 헌책방에 두 박스 가져갔다가 만 원이라고 해서 도로 가져와 필요한 사람 가져가라고 분리수거일에 내다 놓았다. 자존심이 상했기 때문이다. 한번은 단골 카페에 150여 권 정도 가져가서 판 돈 전부를 그곳에 기부했다. 아는 동생이 카페를 열었는데 책을 달라고 해서 두 박스 주기도 했다. 아파트에 북카페를 만든다고 해서 세 박스 정도 기증했다. 이래저래 10박스 정도 정리했으나 여전히 책은 쌓여갔다.

두 달 후 이사를 앞두고 있어서 먼저 책 정리를 했다. 이삿짐센터 직원이 가장 싫어하는 것이 책이라고 하는데 전부터 정리하고 싶었으니 그 참에 하기로 했다. 그런데 그 사이 몇 차례 빼어내서 그런지 더 이상 버릴 것이 없는 것처럼 보였다. 시누이한테 준다고 말까지 해 놓은 상태였다. 어쩔 수 없이 볼 만한 책이 없는 것 같다고 했더니, 시누이가 실망하는 것 같았다. 그래서 안 볼 확률이 높은 책부터 한 권 두 권 빼 내기 시작했더니 다른 사람에게 줄 것과 합하여 500여 권 정도가 되었다. 그렇지만 더 넓은 곳으로 이사하고, 거실 전체를 서재로 만든다 해도 책장이 부족할 것 같다. 어쩔 수 없다. 가서 남으면 그때 또 정리하련다.

겨우 500여 권 덜어내는 것도 힘들기에 엘리자베스 브라운이 한 그 화끈한 결정에 머리 숙이지 않을 수 없다. 아직 '책심'이 덜 들어갔나?

책 나부랭이와 책

책은 또 다른 책을 부른다. 그리하여 그 책들 사이에는 서로 이어 주는 끈이 있다. 그 끈을 '키워드'라 한다면, 《도서관》과 《꿈을 나르는 책 아주머니》 사이에는 당연히 '책'이 있다. 그리고 이 두 그림책에는 책을 유난히 좋아하는 두 여자아이가 나온다. 책에 얼굴을 박고 사는 아이들이다.

그런데 이번에 글을 쓰면서 새 끈이 있다는 것을 알았다. 엄청난 것을 발견이라도 한 것처럼 기뻤다. 이 두 책의 그림 작가가 데이비드 스몰인데, 《도서관》을 쓴 글 작가 사라 스튜어트와 부부라는 사실이다. 사람은 자기와 닮은 사람을 좋아한다더니, 내가 무척이나 좋아하는 두 책에 이런 끈이 있어서 놀랍고도 기분이 좋았다.

말을 타고 가파른 길을 오르는 한 여성이 있다. 《꿈을 나르는 책 아주머니》에 나오는 '책 아주머니'이다. 한 페이지를 넘기면 아래 왼편에는 바다가 있고 오른편엔 아주 높은 곳에 집 한 채가 있다. 학교도 수만 킬로미터나 떨어져 있어 다닐 수 없는 곳이다. 살아 있는 것이라곤 하늘을 나는 매와 나무 사이에 숨어 있는 동물들 말고는 없다고 주인공 칼이 서술한다. 장남 칼은 아빠를 도와 쟁기질을 하거나 길 잃은 양을 데려오는 일 등을 한다. 소를 몰고 오는 일도 어려워하지 않는다. 그런데 책 속에 코 박고 있는 누나 라크를 쳐다보는 칼은 눈을 치켜뜨고 있다. 아빠는 라크를 '세상에서 가장 책을 좋아하는 아이'라 말한다.

칼은 주관이 뚜렷하다. 자신은 책이나 공부 따위와 거리가 멀다고 말한다. 그래서 책도 '책 나부랭이'라 말한다.

첫 장면에서 말을 타고 올라가던 아주머니가 칼 집에 도착했다. 차 한 잔 대접 받고는 가방에서 무언가를 꺼낸다. 책이다. 칼은 이해하기 힘들다. 힘든 산기슭을 애써 짊어지고 올라온 것이 겨우 책이라는 것, 눈앞에서 뻔히 보고도 믿기 어렵다.

아빠는 돈이 없지만 라크를 위해 물물교환으로 책을 사주려고 한다. 한손엔 빨간 열매가 든 봉투를 들고 있고, 한 손은 라크의 등을 만지고 있다. 라크를 바라보고 있는 아빠 표정이 더없이 부드럽고 인자하다. 하지만 책 아주머니는 단호히 거절하고 2주에 한 번씩 오겠다고 말한다. 공짜로 책을 빌려주러 오겠다는 말이다. 책 아주머니를 바라보는 칼의 꾹 다문 입술에서 불편한 감정을 읽는다.

비가 오거나 안개가 끼거나 눈보라가 쳐도 어김없이 오는 책 아주머니는 오늘도 칼 집을 향해 산기슭을 오른다. 유유히 걷는 말 궁둥이가 넓적하고 듬직하다. 눈 쌓인 비탈길을 오르는 말과 아주머니 모습은 숭고하기까지 하다. 산짐승들도 숨어 있을 만큼 눈보라가 세차게 불어대는 밤인데 책 아주머니가 왔다. 머리에서 발끝까지 꽁꽁 감싸고서 창문 틈으로 책을 건넨다. 아빠가 하룻밤 묵어가라시만 고개 흔들며 돌아선다.

책 아주머니가

이런 어려움도 무릅쓰고

오는 이유가 무엇일까.

갑자기 알고 싶다.

칼 머릿속이 소용돌이쳤다. 늘 못마땅한 표정으로 차가운 시선을 던지던 칼이 책을 집어든 순간, 내 심장 박동 수가 올라갔다. 칼의 부모가 다른 자녀에게 책 읽으라 채근하지 않는 것처럼 이 책 내용도 독자들을 채근하지 않는다. 칼이 변화해가는 모습을 담백하게 천천히 보여주고 있다. 칼이 라크에게 책을 내밀며 뭐라 씌어 있는지 알려달라고 했을 때 '깔깔 웃거나 놀리지 않고 자리를 잡고 앉아 차분하게' 읽어준다. 직설법이 아닌 묘사법이어서 여운이 있다.

"책 읽는 아이가 한 명 더 늘었습니다."

칼의 엄마가 책 아주머니에게 건네는 이 화법 역시 담담해서 오히려 더 뜨거운 감동을 몰고 온다.

칼은 처음으로 순하게 웃으며 책을 껴안고 있다. 마지막 장면에서는 칼이 테라스에서 라크와 나란히 앉아 책을 읽고 있다. 황홀한 모습이다.

책에 전혀 관심 없던 칼이 서서히 변화해가는 모습이 흥미로웠다. 그러나 말을 타고 책을 나르는 모습은 몹시 낯설었다. 섣부나 말을 타고 가는 방법 외에는 달리 무슨 방법이 없는 외딴 지역을 2주에 한 번씩 방문했다는 사실은 상상하기도 어려웠다.

이 이야기는 1930년대 미국에서 실제 있었던 일을 바탕으로 쓰였다고 한다. 그 당시 미국 대통령이었던 루스벨트는 학교나 도서관이 없는 애팔래치아산맥 켄터키 지방에 책을 보내주는 정책을 마련했다고 한다. 말이나 노새를 타고 2주에 한 번씩 고원 지대 집 곳곳을 방문해 책을 전해주도록 하는 것이었다. 이들은 '말을 타고 책을 나르는 사서들'이라 불렸다. 눈보라 몰아치는 밤에도 책을 전해주러 갔던 책 아주머니는 빗장이 굳게 닫혀 있던 칼 마음까지 열게 했다.

　책 아주머니의 열성은 나에게 도쿄 오쿠보 도서관 직원 한 사람을 떠올리게 했다. 오쿠보 도서관은 코리아타운인 신오쿠보에서 그리 멀지 않은 곳에 있다. 신오쿠보는 한류를 실감할 수 있는 곳인데 오쿠보 일대는 동남아인들이 많이 들어오고 있다고 한다.

　일본에 있을 때 어느 방송 프로그램에서 본 내용이다. 한 남성이 전단지를 들고 그 주변을 돌아다니고 있었다. 그리고 동남아인들에게 전단지를 나눠주며 설명을 했다. 도서관에서 하는 행사에 대한 이야기였다. 그 남성이 바로 이야기하려고 하는 도서관 직원이다.

　걸어다니는 사람들에게 나눠주다가 때가 되었는지 남성은 한 동남아인이 운영하는 식당에 들어가 밥을 시켰다. 음식을 먹으며 기회를 엿보고 있다가 주인인 동남아인에게 말을 걸었다. 처음부터 용건을 말하는 것이 아니라 먼저 장사나 사는 것에 대해 물어보았다. 그리고 나중에 어느 날 몇 시에 도서관에서 하는 행사가 있으니 오라고 소개했다.

　그의 태도가 얼마나 진지하고 열심인지 흥미를 가지고 방송을 계속 봤다. 벌써 일 년도 더 전에 본 것이라 정확한 기억은 없지만 그 행사 자리에는 동남아 식당 주인도 왔고 다른 사람들도 꽤 왔다. 한 사람씩 돌아가면서 서툰 일본어로 더듬거리며 자기소개와 함께 가져온 책 이야기를 했다. 그리고 자신들의 고충에 대해서도 이야기했다. 말하는 사람이 완벽하게 설명하거나 듣는 사람이 온전하게 받아들이지 못했을지라도 비슷한 고민을 함께 나눈 자리였다. 그들이 돌아갈 때엔 들어설 때의 긴장이나 쭈뼛거림은 사라지고 매우 흡족한 표정이 되어 있었다. 그들은 다음 모임에도 또 모였다.

도서관 직원은 동남아인이 운영하는 다른 식당 사장과 이야기를 나누면서 그에게 고민이 있다는 걸 알았다. 이주민들이라면 대부분 안고 있는 2세의 정체성에 대한 것이었다. 그 직원이 그 문제를 풀고자 접근하는 방식이 놀라웠다. 카메라는 그 고민한 남성의 집으로 가서 아이들 생활까지 촬영했다. 남성은 아이들을 위해 고국으로 돌아가려고까지 마음먹고 있었다. 그런데 며칠 뒤 그 직원이 도서관으로 일본어를 잘하는 그 나라 여성을 데려와 아이들에게 책도 읽어주고 여러 조언도 해주는 자리를 마련했다. 고국으로 돌아가려던 그 남성은 어떤 실마리를 보았는지 일본에 남기로 한다.

또 다른 한 남성은 도서관 지원에게 자신의 모국어로 된 책이 있었으면 좋겠다는 제안을 했다. 나라 이름이 잘 기억나지 않을 정도이니 책 또한 구하기 어려웠다. 그 직원은 여러 곳을 수소문해 힘들게 몇 권을 구했다. 그리고 그 남성에게 연락했다. 남성은 자신의 아내와 아이들을 데리고 와서 그 책들을 쓰다듬으며 감동했다. 그리고 아이들에게 책을 읽어주고 빌려갔다.

일본에서 태어난 아이들이라서 책이 아니면 모국어를 자주 접해주기 어려울 것이다. 아이들은 아이들대로 정체성에 혼란을 겪을 게 뻔하다. 그것을 자연스럽게 해결해줄 수 있는 것 가운데 하나가 책이다.

도서관은 구립이었다. 직원이 그렇게까지 힘들게 밖으로 나가서 일을 하지 않아도 될 공기관이다. 그 직원은 평사원도 아니었다. 그런데도 직접 발로 뛰며 그들의 고충과 바람이 무엇인지 들어 주고, 문제가 있으면 내 일처럼 나서서 해결해주고 있었다. 열성적인 그의 모습은 끝날 때까지 텔레비전에서 눈길을 뗄 수 없게 만들었다. 마치 자국 사람 대하듯 정중하게 대하는 모습도 보기 좋았다.

눈보라 속 비탈길을 마다하지 않고 오르던 책 아주머니나, 시장을 돌며 힘없고 가난한 동남아 사람들 이야기에 귀담아 들어 주던 오쿠보 도서관 직원은 사명감으로 똘똘 뭉쳐진 사람들이었다. 그 사명감은 책과 사람 사이에 소중한 끈을 이어주고자 하는 마음에서 우러났을 것이라는 걸 묻지 않아도 알 수 있다.

책 읽어드릴까요?

콜롬비아 빈민가에 사는 열두 살 케빈은 까만 비닐봉지를 가슴에 안고 오늘도 골목을 누빈다. 입으로는 책을 읽어주겠다고 외친다. 케빈이 읽어주는 것이 시에 한정된 것은 아니다. 동화, 소설도 있다. 장르마다 금액도 조금씩 다르다. 상점가로 다닐 때는 사람에게 직접 말을 건다.

"제가 돈 받고 책 읽어드릴까요?"

케빈이 어린 나이에 돈을 벌려고 하는 것은 집에 생활비를 가져다주기 위해서다. 하지만 책을 읽어주고 받는 돈은 푼돈인데도 읽어 달라는 사람은 가뭄에 콩 나듯 한다. 가난한 동네에서 책을 좋아하는 사람도, 돈이 있는 사람도 드문 까닭이다.

케빈은 거절을 당해도 전혀 주눅 들지 않는다. 씩씩하게 감사하다고 인사한 뒤 또 다른 사람을 찾아 나선다. 운이 좋아 읽어 달라는 사람을 만나면 정성을 다해 읽어준다.

그림책《꿈을 나르는 아줌마》는 이 영화〈시를 파는 소년〉을 본 한참 뒤에 만났다. 책을 읽자마자 이 영화가 떠올랐다. 내용도 다르고, 장르도 다르지만 주인공이 누군가에게 '글'을 전해준다는 점에서 그랬던 것 같다.

각종 사회 문제와 환경, 정치, 예술, 우정, 여행, 교육, 삶, 자유, 평화 등 다채로운 소재아 주제를 다루면서, 몇 년에 걸쳐 밀착해 찍은 다큐멘터리 작품이 대부분인 EIDF(EBS국제다큐영화제)에서 이 영화를 만났다. 8월 하순이면 EBS에서 보석 같은 영화를 하루 종일 보여줘 두 손을 TV에 묶이게 할 정도이다.〈시를 파는 소년〉은 2015년도에 방영되었다. '다시 보기' 사이트로 들어가 보고 싶은 영화를 뽑던 가운데 제목에 이끌려 본 영화이다. 그 감동과 여운은 깊고도 길었다.

하루 종일 비닐봉지를 들고 상점가를 누비고, 주택가를 돌며 책을 읽어주겠다고 외치고 다니는 케빈이지만 집에 가면 엄마 잔소리를 많이 듣는다. 책만 보고 게으르다는 것이다. 아들이 무엇 하러 다니는지 전혀 모르는 눈치다. 남에게 책을 읽어주려면 집에서 책을 미리 읽어 봐야 하거늘 케빈도 한마디 해명을 않는다. 답답하고 안쓰러웠지만 엄마가 마음 아파할까 봐 그러는 것인지, 이야기를 해도 이해 받지 못할까 봐 그러는지 묵묵히 잔소리를 듣는다. 어쩌면 가져다주는 돈이 적어서일지 모르겠다. 나라는 다르지만 케빈 어깨에도 장남 무게가 일찍부터 매달려 있었던 것 같다. 자녀가 책 읽으면 그저 좋아서 엄마들이 맛난 음식을 해서 바칠 우리나라와는 너무도 멀고 먼 이야기다.

케빈 집에는 아버지 모습이 안 보인다. 어린 동생들과 잔소리하는 엄마가 있을 뿐이다. 그런 환경에서 케빈은 어떻게 책 좋아하는 아이가 되었을까? 어떻게 책을 읽어주는 일을 할 생각을 다 했을까? 가난한 살림에 책은 어디서 구했을까? 내 속에는 질문들이 쉼 없이 돌아났다.

넘쳐나는 내 책들을 보니 케빈 사정이 더욱 안타까웠다. 변변한 가방은 말할 것도 없고 책이 들어 있는 까만 비닐봉지도 찢어져서 성하지 않다. 그런데도 당당한 모습으로 거리를 누비는 케빈이 기특하고 대견했다.

재미는 없고, 어울리지 않는 책임감만 달려 있는 케빈에게 숨구멍 같은 존재가 있었으니 이웃에 사는 아멜리아 할머니다. 케빈은 팔십 대로 보이는 아멜리아 할머니에게 책을 읽어주기도 하고, 세금 고지서를 읽어주며 함께 돈 걱정도 하고, 셈을 가르쳐주기도 한다.

둘은 높은 계단을 걸어올라가 도서관인지 서점인지에 갔는데 케빈이 책을 골라 읽어준 뒤 밖으로 나와 산책하면서 이야기를 주거니 받거니 한다. 아멜리아 할머니는 어린 케빈에게 과거 사랑 이야기나 가족 이야기를 들려준다. 마치 같은 나이 친구에게 하듯 들려준다. 케빈이 유독 웃음 지으며 자기 나잇대 표정으로 돌아가 있을 때는 바로 아멜리아 할머니와 있을 때이다.

나이를 뛰어넘은 케빈과 아멜리아 할머니의 우정은 그들이 함께 본 노을만큼이나 아름다웠다. 아멜리아 할머니는 전혀 권위가 없고, 케빈 또한 일흔 살 정도 차이 나는 아멜리아 할머니를 전혀 어려워하지 않는다.

둘이 앉아 노을 바라보며 이야기하던 그 자리에 케빈 혼자 앉아 있다. 방금 전 할머니 집에 갔는데 텅 비어 있었다. 마지막 장면이다. 쓸쓸함이 스크린을 가득 채웠다. 케빈은 한동안 할머니가 남긴 빈자리로 공허감을 많이 느끼겠지만 책이 있으니 잘 견디어나갈 것이다.

케빈은 책을 쓰레기장에서 가져오고 있었다. 대부분 뜯어진 책들이었지만 그것으로 이웃에게 책도 읽어주고 글을 가르쳐주기도 했다. 또한 까만 비닐봉지는 케빈의 고달픈 일상을 말하기도 하지만, 그 너덜너덜한 봉지 속에서 빛을 볼 수 있었다. 책을 사랑하고, 세상을 살아가는 법을 스스로 터득하고 있는 어린 케빈의 아름다운 영혼이 담겨져 있었기 때문이다.

《도서관》
데이비드 스몰 그림, 사라 스튜어트 글,
지혜연 옮김, 시공주니어

《꿈을 나르는 책 아주머니》
데이비드 스몰 그림, 헤더 헨슨 글, 김경미 옮김,
비룡소

〈시를 파는 소년〉
유디드 카브치 감독

엄마를 만나는 법

《무릎딱지》는 빨갛다. 온통 빨갛다. 표지부터, 면지, 등장인물, 사물, 풍경들까지 빨갛다. 이야기조차 빨갛다. 엄마가 죽었으니 이보다 더한 슬픔이 있으랴! 집안엔 슬픔이 가득 스며 있다. 붉은색으로 가득 차 있다.

도저히 소리 내어 읽을 수 없는 책이다. 눈으로 읽어도, 읽을 때마다 눈물이 맺힌다. 가슴이 아리다. 엄마가 되어본 사람은 이 상황이 자신의 일처럼 여겨질 것이다. 내가 죽은 것이라 상상하고, 우리 아이들을 떠올린다. 우리 아이들은 스무 살이 훌쩍 넘었는데……

아이도 처음에는 엄마의 부재를 부정하기도 하고, 분노하기도 한다. 장난감을 발로 차기도 하고, 소리 내어 울기도 하고, 시무룩하게 앉아도 있다.

"이제 다 끝났단다."

아이는 아빠가 하는 말을 애써 못 들은 척하려고 한다. 하지만 자기 슬픔도 주체 못할 상황에서 도리어 아버지를 위로하려고 노력한다. 온몸에서 눈물이 뚝뚝 쏟아질 것 같은 아빠이기 때문이다. 아이도, 아이 아빠도 감정 추스르기가 쉽지 않다.

아이는 엄마를 만나는 방법을 알아냈다. 자기가 조금이라도 아프면 부드러운 엄마 목소리가 들렸다. 마당에서 뛰어다니다가 넘어져 무릎에 상처가 났다. 엄마 목소리가 또 들려와서 아파도 좋았다. 가라앉기를 기다렸다가 손톱 끝으로 딱지를 긁어서 뜯어냈다. 그렇게 해서 엄마 목소리를 다시 들을 수 있어서 아이는 덜 슬펐다.

엄마가 빠져나갈까 봐 찜통더위에도 창문을 꼭꼭 닫고 있을 때 할머니가 가슴에서 쏙 들어간 곳에 엄마가 있다는 말을 한다. 이제 엄마는 아이 가슴속에 들어가 있다. 아이는 무릎에 딱지가 생겨도 더 이상 뜯지 않는다. 가슴 위 쏙 들어간 곳에 올려놓으면 마법처럼 마음이 편안해진다.

《모친 상실》에서 "애착 대상이 더는 이 세상에 없더라도 마음속에서 계속 살아 있다는 감각을 가지게 되는 것이 바로 고인을 자기 내부에 수용한 결과"라는 문장이 나온다. 이런 경우엔 슬픔을 잘 극복할 수 있다고 한다. 꼬마 아이가 가슴속에 엄마가 있다고 믿은 다음부터 기운을 내고, 슬픔도 잘 견뎌내는 것이 바로 자기 내부에 엄마를 들여

놓았기 때문이다. 아이가 엄마를 잃는 것은 전부를 잃는 것이라 해도 과언이 아니다. 심지어 스무 살이 넘어서 잃은 사람에게도 상처가 크게 자리하고 있는 것을 보았다. 《무릎딱지》 속 아이가 비교적 빨리 상처를 딛고 이겨내는 모습이 애틋하면서도 다행스럽다.

상실과 애도

《모친 상실》은 애착 대상을 잃은 사람의 심리에 대해 다룬 책이다. 사랑하는 이를 두고 먼저 떠나는 것도 힘든 일이지만, 사랑하는 이를 보내고 남은 사람이 상실감을 극복하는 일이야말로 가장 힘든 일일 것이다.

'모친 상실'을 심리학 전문 용어로 말하면 대상 상실, 즉 세상에서 가장 가깝고도 편안한 대상인 애착 대상을 잃은 의미이기도 하고, 그에 따른 심리 반응을 말하기도 한다. '대상 상실'은 그 충격으로 여러 질병의 발병률을 높이기도 하고, 심리적 스트레스로 급성 정서 위기를 가져오기도 한다고 한다. 급성 정서 위기란 갈피를 잡을 수 없는 패닉 상태를 말하는데, 신경이 고양된 흥분 상태와 무력감, 불안, 좌절감 등에 빠진다고 한다.

이때 애도 과정을 건너뛰면 결국 정신적 파탄에 이르러 우울 상태에 빠지게 된다고 한다. 따라서 애도 과정을 피하려 하지 말고 그 고통을 감내하는 것이 중요하다고 한다. 주위 사람들 가운데 남편을 잃고 우울증이 생겨 5개월 정도 꼼짝 못했다는 이야기가 떠올랐다.

앞서 이야기했지만 모친 상실은 단순히 대상을 잃어버린 것이 아니라 자아를 잃어버리게 되는 것이다. 심적 에너지도 크게 소실되고 의욕 상실에 이르러 무기력 상태에까지 이른다.

흥미로운 점은 대상 상실 초기의 반응에 대한 것이다. 대상과 관계가 좋았던 경우에는 슬픔 반응이 확연하게 눈에 띄는데, 갈등이 있던 경우에는 슬픔 반응이 잘 나타나지 않는다고 한다. 그런데 약 1년이 지난 후부터는 상황이 변하여 갈등이 있던 사람에게 훨씬 높게 나타난다는 것이다. 그리하여 수년 동안 대상의 죽음에 얽매이게 되는 경우가 많다고 한다. 대상과의 갈등에서 생긴 대립과 다툼이 사라지고 좋았던 기억만 마음속에서 커가면서 고인에 대한 사모의 마음이 깊어지기 때문이란다.

이 연구 결과를 보면서 가장 가까운 가족들과 좋은 관계를 유지하는 것이 무척 중요하다는 생각이 든다. 저자는 심각한 모친 상실 증상을 겪지 않기 위해서 모친과의 추억을 많이 만들고 마음속에서 대화할 소재들을 자기 내부에 비축해두는 작업이 중요하다고 한다.

사랑하는 이를 떠나거나 보내는 일은 어느 누구도 피해갈 수 없는 일이며, 동시에 견디어내지 않으면 안 되는 일이다. 하지만 준비된 사람은 조금은 덜 아프게 지나갈 수 있을 것이다.

애도와 치유

'모친 상실'의 경우, 자아의 일부를 잃어버린 것이나 마찬가지여서 아무것도 할 의욕이 들지 않아 무기력 상태가 된다는 것을 영화 〈와일드〉의 셰릴 스트레이드가 잘 보여준다. 이 무기력은 때로 방탕한 생활로 나타나기도 한다. 셰릴 역시 그러하였다. 자아가 흔들리면 혼돈이 오고, 이 상태가 되면 제대로 된 판단을 하기는 어려울 수밖에 없을 것이다.

영화 〈와일드〉는 실화를 바탕으로 한 이야기이기 때문에 더욱 실감난다. 26세의 한 여성이 모친 상실로 얻은 고통과 상처를 어떻게 치유하고 극복해나가는지 보여준다.

우리 인간에게 주어진 힘은 과연 어디까지일까? 사람들은 위급한 상황이 닥치면 본인도 상상하지 못한 괴력을 발휘한다. 또한 보통 사람으로서는 도저히 생각하기도 힘든 일을 의지로써 해내는 사람들도 있다. 셰릴이 바로 이 후자에 속한다. 그녀는 멕시코 국경에서 캐나다 국경을 잇는 총 4,286km의 하이킹 코스인 PCT(퍼시픽 크레스트 트레일)를 완주한다. 그곳은 셰릴이 2분마다 포기하고 싶다고 말할 정도로 힘든 코스였다. 그런데도 많은 이들이 그 길을 걷는다. 어떤 이는 세상을 향한 호기심에서, 또 어떤 이는 자신을 찾기 위해서, 그리고 셰릴처럼 슬픔과 상처를 이겨내고 아름다운 보석으로 탄생하기 위해서 걷는다.

그 길을 걸을 때는 예기치 못한 장벽이 수도 없이 나타난다. 독사가 똬리를 틀고 있기도 하고, 물이 없어 텐트 위에 서린 이슬방울을 훑어 먹어야 하기도 하고, 늑대로 변한 이성을 만나고, 계곡물에 휩쓸리기도 하며, 처절한 외로움과 그리움을 실시간으로 싸워야 한다.

하지만 깊고도 깊은 간절함은 극한을 견디어낼 힘을 만든다. 셰릴이 배낭을 내려놓고 등산화를 벗던 첫 장면은 너무도 끔찍했다. 양말을 벗자 발가락 위가 온통 핏빛이었고 발톱은 빠지고 있었다. 차마 보기 힘들어 나도 모르게 손으로 눈을 가려버렸다. 그런데 내려놓았던 배낭이 넘어지면서 등산화 한 짝이 낭떠러지로 떨어졌다. 그녀는 과감하게 나머지 한 짝도 힘차게 내던져버린다.

이때 셰릴의 마음은 오히려 시원하지 않았을까? 한 가닥 아쉬움 때문에 뭔가를 내치지 못할 때, 다른 이유로 버릴 수밖에 없는 상황이 오면 훨씬 포기가 빨라진다. 스물여섯 살 셰릴은 오히려 반평생을 산 나보다도 용기가 많았다. 전문 트레킹도 포기한 코스를 끝까지 걸었다. 절박함이 있었던 것이다.

술 마시면 폭력을 휘두르는 아버지 때문에 셰릴 엄마는 어린 남매를 데리고 피해야 하는 날들이 많았다. 결국 셰릴 부모는 이혼하고 셰릴은 엄마, 남동생과 셋이 산다. 대학 등록금도 대출을 받아야 하는 어려운 살림이지만 그녀 엄마는 늘 햇살 같은 따스함과 긍정적인 자세로 살아간다. 아이들에게는 많은 사랑을 베풀고, 딸과 함께 대학생활을 할 정도로 열심히 산다.

그런데 엄마가 갑자기 암으로 세상을 떠나고 말았다. 삶의 버팀목이자 중심이었던 엄마의 죽음은 셰릴의 삶을 마구 흔들어놓는다. 마약과 무분별한 섹스로 그 고통에서 도망치고자 한 셰릴, 끝내 남편과 이혼하게 된다.

셰릴은 슬픔과 상처를 치유하기 위해 PCT를 걷기 시작한다. 셰릴은 엄마의 그 말을 잊지 못한다.

"너한테 꼭 가르쳐 주고 싶었던 한 가지는 네가 가장 빛나는 사람으로 살도록 하게 해주는 것이야."

극한의 고통을 이겨내며 걷는 동안 셰릴에겐 지난날의 기억이 계속 떠오른다. 엄마를 떠올리며 울부짖는 모습에선 내가 마치 그녀인 양 같이 눈물 흘렸다. 26세의 여성에게 감당해내기 힘든 고통은 그렇게 길을 걸어가면서 치유가 되었다. 4년 후에는 재혼하여 딸도 낳았다.

셰릴이 엄마에게 폭력을 일삼았던 아버지를 만난 것이 후회되시지 않느냐고 묻는 장면이 있다. 언제나 행복하다는 듯이 노래를 흥얼거리는 모습도 마땅찮아 하는 딸에게 그녀 엄마는 후회하지 않는다고 답한다. 사랑하는 딸과 아들을 얻었기 때문이라는 것이다.

엄마의 죽음 이후 힘든 시기를 방탕한 생활로 견디려 했던 그녀가 멕시코 국경에서 캐나다 국경을 잇는 수천 킬로미터의 길 위에서, 삶과 죽음을 맨몸으로 받아들이며 자신의 내면을 걸어간 고군분투기, 그것은 땀방울의 집합체이며 눈물의 탑이었다. 그녀가 새로운 코스로 들어갈 때 쓰는 방명록의 문장들과 독백은 그녀의 상처를 다독여

주고 앞으로 나아가게 하는 힘이 되어주었을 것이다.

"못보단 망치가 되겠어."
"내겐 지켜야 할 약속과 내가 잠들기 전 가야 할 길이 있다."
"몸이 그대를 거부하면 몸을 초월하라."
슬픔의 황야에 빠져 자신을 잃어버린 후에야 진정한 나를 찾을 수 있었다.

몸집이 큰 배낭을 메고 극한의 길을 내디뎠던 셰릴은 혼자 걸었지만 혼자가 아니었다. 처음부터 끝까지 그녀 어머니가 함께했다. 그녀가 힘든 여정을 끝내고 멋진 여성으로 거듭날 수 있었던 것도 어머니 사랑이 있었기 때문이다. 어머니가 45세에 세상을 떠나 두 자녀에게 큰 슬픔을 안겨주었으나 평소 늘 웃는 모습으로 친절하게 대했기에 그것이 두 남매에게는 치유와 애도를 할 수 있는 든든한 바탕이 되어주었을 것이다.

모친(고인)이 떠난다 해도 유대감은 사라지는 것이 아니라 계속 보존되는 것이 일반적이라고 한다. 그리하여 서로 좋은 관계를 유지했던 사람은 애도 기간도 짧고 잘 적응하여 산다고 《모친 상실》에 나온다. 《무릎딱지》의 꼬마 주인공도 엄마의 다정한 목소리와 모습, 그리고 엄마 냄새 등을 기억하고 있기 때문에 슬픔을 빨리 이겨냈다.

심각한 모친 상실 증상을 겪지 않기 위해서 모친과의 추억을 많이 만들고 마음속에서 대화할 소재들을 자기 내부에 비축해두는 작업이 중요하다는 에노모토 히로아키 말을 되새겨본다. 또한 소중한 사람의 죽음을 헛되이 하고 싶지 않다면, 그 죽음에 긍정적인 의미를 부여하라고 한다. 그러면 서서히 평안을 얻을 수 있다는 것이다.

    쉽지 않은 '죽음'의 문제를 그림책과 인문서, 그리고 영화를 통해 공부해보았다. 아직 그 길은 멀지만 걸어야 할 길이다.

《무릎딱지》

올리비에 탈레크 그림,
샤를로트 문드리크 글,
이경혜 옮김, 한울림어린이

《모친 상실》

에노모토 히로아키 지음,
박현숙 옮김, 청미

〈와일드〉

장 마크 발레 감독

4

미술관으로 간 그림책 작가들

일본 그림책미술관 기행

환한 웃음이 번져 나오다

● 세계 최초 그림책 전문 전시관 도쿄 치히로미술관

도쿄에 머물고 있을 때 검색을 하다가 '치히로미술관' 방문 후기를 보게 되었다. 그 블로거가 치히로 이와사키 그림을 '죽기 전에 꼭 보고 싶은 그림'이라고 쓰지만 않았어도, 비 오는 날 선뜻 미술관에 갈 생각을 하지는 못했을 것이다. 그 문구를 보자 '치히로 이와사키가 누구길래!'라는 생각과 함께 그가 그린 그림을 직접 보아야겠다는 마음이 일었던 것이다. 이름 때문이었을까. 뛰어난 실력을 지닌 남성 일러스트레이터일 것이란 상상만으로 미술관을 향해 길을 나섰다.

이날 실내는 틀림없는 봄이었지만 밖은 비바람으로 쌀쌀한 기운이 감돌았다. 하지만 한국으로 돌아와야 할 날이 코앞이었고, 빗속 정원을 다니는 것보다는 미술관으로 가는 것이 훨씬 나은 일이었다. 이때 나는 도쿄에 있는 전통 정원 9곳을 돌아다니고 있던 때였다. 대부분 도쿄 시내를 돌아다니다가 교외로 나갔더니 창밖 풍경이 새로워

전봇대의 안내 화살표 따라 미술관 찾아가던 골목(위)과 도쿄 치히로미술관(아래)

구경하는 재미가 있었다. 벚꽃과 나무들 그리고 검소한 일본 주택들이 이어지고 있었다. 그걸 보고 있으니 마음도 차분해지고 여유로워지며 먼 곳으로 여행 떠나는 기분이 들었다.

'가미이구사' 역에 내리자 치히로미술관 안내 화살표가 보였다. 출구에서 나와 왼쪽 도로를 따라 걷는데 주택가로 들어설 때까지 전봇대에 안내 화살표가 연이어 나왔다. 덕분에 늘 헤매기 일쑤인 나도 별 어려움 없이 찾아갈 수 있었다.

치히로미술관이 세계 최초 그림책미술관이라는 사실은 현장에 간 뒤에 알았다. 교외에 있다 해서 주택가와는 좀 떨어져 있을 것이라 생각했고, 시야가 탁 트인 너른 뜰도 있지 않을까 상상했는데 의외로 골목 안에 자리하고 있었다. 그럴 수밖에 없는 것이 그곳은 이와사키 치히로가 아틀리에 겸 자택으로 22년 동안 사용하던 장소였기 때문이다. 그리고 이와사키 치히로는 남성이 아니라 여성이었다.

치히로미술관은, 언제라도 작가의 그림을 보고 싶어 하는 팬들이 모은 기부금과 치히로의 그림 인세로 만들어졌다. 그림책미술관은 모든 연령의 사람들과 모든 나라와 모든 지역 사람들이 함께 즐기면서, 서로를 깊이 이해할 수 있는 장르다. 치히로 미술관은 바로 그런 가치를 여러 활동을 통해 펼쳐나가고 있다.

치히로미술관은 치히로 그림을 비롯해 세계적인 화가와 지역 화가들의 그림을 소장하고 있다. 사는 것이 풍요로워졌어도 여전히 폭력을 당하는 어린이들이 많아 아름다운 그림들이 어린이와 어른들 마음에 전해지기를 바란다고 한다. 소장품이 무려 27,000여 점에 이른다. 역사적 가치가 있는 그림책과 일러스트레이션에 관련된 자료이다. 연 4회에 걸쳐 전 작품을 교체하여 기획전을 연다. 전시실 조명은 자외선을 차단하고 조도를 낮추는 등 국제적인 미술 작품 취급 기준인 스미소니언 기준에 맞춰 작품 보호에 신경 쓰고 있다. 그림이 상하지 않도록 온도와 습도도 일정하게 유지하고 있다.

미술관 건물은 이웃해 있는 집들과 잘 조화를 이루고 있어 편안하게 느껴졌다. 표를 끊고 전시장으로 향하는데 창밖으로 보이는 뜰이 정감 있고 운치 있었다. 사랑이 가득한 이들의 마음이 모여 태어난 미술관이라 생각하니 더욱 귀하게 여겨지기도 했다.

제2차 세계대전 당시 자국의 침략 전쟁 실태를 알게 된 치히로는 죄의식에 괴로워했다. 그리하여 새로운 삶의 방식을 갖고자 미술계에 입문했다. 치히로는 인민 신문 기자를 거쳐 반전·인권 운동가로서 작품 활동을 펼쳐나갔으며 국제 아동도서전 그래픽 상과 라이프찌히 인권도서상 등을 수상했다.

투명한 수채화 화가 치히로는 평생 어린이를 데마로 한 그림을 그렸다. 아른아른한 그림인데도 섬세한 감정이 전해진다. 볼수록 묘한 매력이 있다. 쨍한 디지털 이미지를 많이 보아서인지 부드러운 붓 터치에서 전해지는 맑은 분위기가 좋았다. 치히로 그림은 서양의 수채화와 동양의 수묵화를 결합한 스타일이라고 한다. 작가는 안타깝게도 암 투병을 하다가 "온 세상의 어린이들에게 평화와 행복을……." 이라는 말을 남기고 1974년에 세상을 떠났다.

1층과 2층 전시장을 돌아보고, 영상 자료가 돌아가고 있어 보고 있었다. 그런데 구로야나기 테츠코가 나와서 깜짝 놀랐다. 그리고 치히

구로야나기 테츠코와
치히로(위)와
《창가의 토토》일본어판
(아래)

로가 《창가의 토토》 삽화를 그린 작가였다는 사실을 알고 더 놀랐다.

《창가의 토토》를 좋아해서 몇 번이나 읽었다. 그런데도 거기에 실린 삽화를 그린 사람이 누구인지도 몰랐고, 삽화조차도 기억나지 않았다니 어이없었다. 내용이 너무 좋아 거기에 집중되어 있었나 보다. 또 놀란 것은 구로야나기가 그 미술관 관장이라는 점이었다. 구로야나기와 치히로의 인연도 《창가의 토토》에서 시작되었다고 한다.

구로야나기는 《창가의 토토》에서 자신을 토토짱이라고 말한다. 이 책을 읽었을 때 'ADHD 증후군'에 대해 처음 알았는데 이 당시 우리나라에서는 무척 생소한 진단명이었다. 토토짱에게 이 ADHD 증후군이 있었다. 따라서 산만한 토토짱은 수업 시간에도 아랑곳않고 교실 창가에 서서 우리나라 사물놀이 패와 같은 친동야를 보면서 소리치며 좋아했다. 제비와도 큰 소리로 이야기를 나누곤 했다. 책상 뚜껑을 백번도 넘게 들었다 놨다 하고, 그림을 그릴 때는 도화지 밖 책상에까지 색칠해놓아 담임을 무척 난처하게 했다. 결국 담임은 토토짱 엄마를 불러 다른 학교로 전학시킬 것을 권유한다. 그리하여 토토짱은 겨우 1학년에 퇴학을 당하고 대안 학교인 도모에 학원에 다니게 되었다.

웬만한 것들은 다 허용이 되고, 아이들 의사와 인격이 존중되는 노모에 학원에서 토토짱은 아주 건강하고 행복한 학교생활을 한다. 성장한 후에는 방송인이 된다. 얼마 전에도 일본 TV에서 그녀의 활동 모습을 보고 깜짝 놀랐는데, 이것은 도모에 다녔기 때문에 가능했다고 생각한다.

도모에 학원은 구로야나기에게 성장의 밑거름이 되어주었다. 그곳에서는 아무도 그녀를 문제아라고 하지 않았다. 모든 어린이들에게 '착한 아이'라 했으며 학생들을 믿고 지지해주었다. 구로야나기는 현재 80이 넘은 나이인데도 방송일이나 관장 등의 일을 하고 있다. 이를 통해 어린 시절의 교육 환경이 얼마나 중요한지 새삼 느끼게 된다. 성인이 된 구로야나기는 NHK 방송 극단에 입단했고 전속 텔레비전 여배우 1호가 되었다. 그리고 NHK 방송문화상, 페스탈로치 교육상, 제1회 유니세프 어린이 생존상 등을 수상했다.

치히로미술관은 도쿄와 나가노 두 곳에 있다. 나가노에 있는 것은 아즈미노 치히로미술관이다. 나가노는 치히로 작가의 부모님이 살던 곳으로 작가에게는 마음의 고향이다. 동영상으로 보니 풍광이 뛰어난 곳이었다. 그곳에서도 치히로의 작품과 세계 원화들을 볼 수 있는데 무엇보다도 내 관심을 크게 자극한 것은 토토짱이 다녔던 도모에 학원을 재현해 놓은 점이었다. 여름이나 가을쯤에 꼭 가보아야겠다고 생각했다.

도쿄 치히로미술관에는 그 뒤로도 몇 차례 다녀왔다. 시간이 나면 훌쩍 다녀오게 된다. 원화전 보는 것도 좋지만 기념품 매장에만 다녀온 경우도 있다. 치히로 그림 자체도 큰 매력인데 다양한 상품으로 내놓아 구매욕을 한없이 자극한다. 많은 미술관의 아트샵을 다녀봤지만 이곳만큼 다채롭고 아름다운 상품이 있는 곳은 보지 못했다. 어쩌면 그림 자체가 아름다워서 상품이 더 그렇게 보이는지도 모르겠다.

치히로 그림은 그 그림을 잘 모르는 이들도 보면 좋아하기 때문에 엽서를 많이 사놓았다가 북토크 때 참석자들에게 주기도 하고, 선물할 이가 있으면 그림이나 편지지, 마그넷 등을 사서 주기도 한다.

치히로 그림의 매력을 문장으로 표현한다면, '섬세하다, 맑다, 여

다채롭고 아름다운 상품이 가득한 아트샵

운을 준다, 따뜻하다, 순수하다, 품격 있다' 등이다. 이런 점들이 작가의 그림에 한없이 빨려들게 한다. 그리고 그림들을 보고 있으면 마음이 순해지고 맑아진다. 따라서 그림으로 널리 알리고자 했던 평화와 반전, 인권 의식이 후세 사람들에게도 계속 전해지리라 생각한다. 실제로 치히로미술관은 국제 교류에도 힘쓰고 있다. 여러 나라의 그림책을 서로 교류하며 그것이 문화의 발전으로 이어지도록 하는 활동이다. 얼마 전 우리나라 군포시의 책 마을에서도 이러한 의미를 지닌 전시회와 함께 포럼이 열리기도 했다.

비록 몸은 세상을 떠났지만 작가는 여전히 일을 하고 있는 셈이다.

'창가의 토토'를 추억하다

● 나가노 아즈미노 치히로미술관

'도쿄 치히로미술관'을 다녀온 지 두어 달이 지난 뒤 나가노로 향했다. 아즈미노에 있는 치히로미술관에 가기 위해서였다. 《창가의 토토》에 나오는 도모에 학원을 재현해놓았다는 점과 미술관 둘레를 멋지게 꾸며놓았다는 점이 나를 그곳으로 이끌었다.

자동차로 5시간이나 걸려 도착한 '아즈미노 치히로미술관'은 도쿄 미술관에서 비디오 영상으로 보았던 것처럼 스위스의 너른 평원을 떠올리게 했다. 간간이 비까지 내려 뒷산 능선에는 안개구름이 드리워져 몽환적인 분위기가 한껏 펼쳐지고 있었다. 그 산이 바로 일본 알프스여서 더욱 스위스를 떠올리게 했던 것 같다.

아름다운 풍광을 배경으로 한 치히로미술관은 꽉 조여 있는 도시인의 숨통을 단숨에 풀어주기에 더없이 좋은 환경이다. 뜰을 거니는 것만으로도 마음이 이완되고 매혹되었다. 나가노의 아름다운 자연 환

나가노에 있는 아즈미노 치히로미술관의 뜰(위)과 미술관 입구(아래)

경을 최대한 잘 이용한 미술관이었다. 아즈미노는 전쟁이 끝난 뒤 이와사키 치히로의 부모님이 농사를 지으며 살았던 곳이다.

 나처럼 이와사키 치히로 작품과 《창가의 토토》를 사랑하는 사람들이 먼 나가노까지 걸음한 것인지 미술관은 꽤 북적였다. 이국 여행자로서 몹시 부러운 일이었다. 한 사람의 작품이 설렘과 기대감을 품게 하고, 나라의 경계를 넘게 하는 것을 보면서 문화의 힘이 얼마나 큰지 실감하지 않을 수 없었다.

 미술관 공간을 내 나름대로 공원, 미술관, 도모에 학원이라는 세 부분으로 나누어보았다. 전체를 공원이라고 볼 수 있지만 미술관 앞쪽 주차장에서 미술관까지 이어지는 곳을 '공원'이라 하겠다. 이곳은 체코의 그림책 작가 크베타 파코브스카가 디자인했다. 이곳에 있으면 우리가 그림책 속으로 들어가 있는 것으로 착각할 만큼 아름답다. 연못 따라 천천히 걸으며 자연을 즐길 수 있다. 연못 옆에 서 있는 큰 나무 한 그루가 공원의 풍치를 더해주었다.

 이와사키 치히로의 작품을 처음 보았을 때는 솔직히 큰 매력을 느끼지 못했다. 《창가의 토토》를 사랑한 나머지 도쿄 치히로미술관에서 일본어판 그림책을 사고, 엽서를 사고, 액자를 샀는데 나도 모르게 치히로의 그림에 빠져드는 것을 느꼈다. 그림에서 전해져오는 느낌이 천천히 그러나 깊게 스며들어왔다. 흐릿한 윤곽선에서 슬픔, 기쁨, 아련함, 간절함 등이 섬세하게 전달되었다. 한 번 빠지면 헤어나오기 힘든 감성이다. 이것이 이와사키 치히로 그림의 독특한 매력이다.

아즈미노 치히로미술관은 전시실이 5개이며, 이 가운데 하나는 치히로의 삶을 소개하는 전시실이 있다. 이 전시관 역시 연 4회에 걸쳐 전 작품을 교체하여 전시한다. 이때에는 개관 20주년 기념을 맞아 '이와사키 치히로의 행보'라는 주제로 전시하고 있었다.

도쿄 치히로미술관도 지역의 초중고 학교와 손을 잡고 아이들이 스스로 기획하고 실행하는 교육활동에 힘을 쏟고 있는데, 아즈미노 미술관에서는 '중학생 자원봉사' 활동을 무척 중요하게 여긴다. 해마다 여름이면 지역의 중학교 학생들이 스스로 등록하여 이 활동에 참여한다. 작년에는 전교 학생의 3분의 1 정도가 등록했다고 한다. 이들은 방문객들에게 치히로에 대해 해설을 하거나 치히로 그림의 독특한 수채화 번짐 기법을 체험하는 워크숍에서 강사 활동을 하고 그림책을 읽어주기도 한다. 2018년 현재로 14년째 이어지고 있다. 이 외에도 그 지역에서 해마다 태어나는 아이들에게 첫 책을 선물하는 북스타트 활동을 하고, 아기의 정기 검진 때 그림책을 읽어주는 등 지역민들과 가까이에서 소통하고 있다.

미술관에서는 이런 지원 활동이 미술관과 문화, 그리고 사회의 일꾼을 키우는 활동이라 말한다. 좋은 경험은 성년이 된 이후에도 계속하게 된다는 점을 잘 활용하고 있다고 본다.

55세에 생을 마감한 이와사키 치히로는 인쇄 미술의 화가로 활동했다. 일본 사회 경제의 발전과 더불어 왕성한 그림책 출판이 이루어

전시장 내부와 치히로 작가의 원피스

지던 시기였다. 이 미술관에서는 그 당시 활동했던 이와사키 치히로의 작품과 자료들을 다면적으로 소개하고 있다.

전시장 입구에는 작가가 20세 때 디렌 여행을 떠나기 전날 찍은 사진과 그때 입은 핸드메이드 원피스가 함께 전시되어 있었다. 몇 년 지나 입지 않으면 버리게 되는 것이 대부분 사람들의 습관일 텐데 생을 마칠 때까지도 가지고 있었다니 작가의 성품이 느껴졌다.

도모에 학원의 뜰을 거닐며

내가 《창가의 토토》를 좋아하는 것은 책 속에 담겨 있는 아름다운

치히로 작가의 아트 상품들

이야기들 때문이다. 지금은 여간해선 찾아보기 어려운 어른들, 그러니까 토토짱 어머니와 도모에 학원 교장선생님과 교사들은 지금 우리에게 필요한 어머니요, 교사들이다. 아이들을 정해진 제도와 틀에 가둬두고 경쟁과 훈육으로 가르치는 학교가 대부분이니 《창가의 토토》에 나오는 이야기들은 이제 하늘나라에나 있을 법한 이야기일까?

나는 우리 아이들이 어렸을 때 이 책을 읽었다. 지금과 비교하면 학내 폭력이나 입시 경쟁이 덜했을지는 모르지만 아주 크게 다르지는 않다고 본다. 제도권의 학교와 교사들을 모두 부정적으로 볼 것은 아니지만 아이들이 학교에 들어가면서 본성이 사라지고 길들여지는 것은 사실이다.

큰아이가 초등학교 2학년 때였다. 학교에 일이 있어서 잠깐 갔는데 교실 안이 쥐 죽은 듯 조용했다. 선생님도 없이 아이들만 있었는데도 말이다. 2학년이면 한참 친구들과 조잘댈 나이가 아닌가. 정년이 얼마 남지 않아 뵈는 담임선생님은 아이들에게 급식으로 나온 음식을 모두 먹게 했다고 한다. 어떤 아이는 억지로 먹다가 토하기까지 했는데 그 토한 것을 도로 먹게 했다고도 한다.

나는 아이들이 가지고 있는 본성을 살리면서 성장시켜주는 교육 기관에 우리 아이들을 맡기고 싶었다. 현실이 그러하지 않으니 홈스쿨링을 시키거나 대안 학교에 보내고 싶었다. 그래서 인터넷으로 열심히 찾아보고 그와 관련된 프로그램들을 살펴보고 책도 읽었다. 그런데 대안 학교가 있는 지방으로 선뜻 떠나기가 쉽지 않았다. 홈스쿨링을 할 만한 여러 조건도 맞지 않았다. 아이들까지 학교가 재미있다며 대안 학교에 가고 싶어 하지 않았다. 괜찮은 대안 학교는 초등 과정도 기숙을 해야 하는 곳이 많았다. 아이들이 집 떠나기 싫어하니 생각을 접을 수밖에 없었다.

내가 꿈꾸던 학교 모습은 토토짱이 다니던 도모에 학원 같은 곳이었다. 아이들 말에 귀 기울여주고, 아이들이 스스로 결정하게 하고, 아이들을 있는 그대로 봐 주는 학교 말이다. 입학한 지 겨우 한 달 만에 퇴학을 맞은 토토짱이 만약 그곳에 남아 교사에게 통제당하고 길들여진 채로 학교에 다녔다면 어떻게 되었을까? 일본 최초의 일일 대담 프로그램을 맡으면서 14년 연속 '올해의 TV 인물'을 수상할 수 있었을까? 아시아 최초 유니세프 친선대사가 되어 세계 아동들을 위한 구호활동을 펼칠 수 있었을까? 과연 6,000명을 물리치고 당당히 방송 극단에 합격할 수 있었을까? 아마 문제아로 찍혀 위축된 채 성장하여 거침없는 성인으로 자라나기는 어려웠을 것이다.

토토짱 어머니 역시 큰 역할을 한 사람이다. 토토짱이 퇴학을 당했다는 사실도 스무 살이 되었을 때에야 말해주었다고 한다. 철조망을 기어서 넘느라 팬티가 찢어지고, 겉옷이 다 해져서 돌아온 토토짱이 거짓말을 해도 혼내거나 싫은 기색이 전혀 없이 모른 척 속아주었다. 담임선생님한테 토토짱이 학교에서 보인 산만한 행동들에 대해 긴 시간 구구절절 들었지만 딸에게 아무 말도 안 하고 손 잡고 도모에 학원을 찾은 것이다. 속이 오죽했을지 엄마라면 다 알 수 있다. 그 난감하고 두려운 마음은 하늘이 무너지는 것 같았을 것이다.

도모에 학원과 토토짱 가정은 아이들의 개성과 인격을 존중해주었다. 지금의 학교에서 사라진 것이 바로 이 점이다. 모든 곳이 다 그렇다는 것은 아니다. 하지만 사회적 환경이 자꾸만 그 반대 방향으로 치닫게 하고 있다. 인성이 사라진 자리에 권위와 폭력이 그 자리를 대신하고 있다. 경쟁과 이기심도 심해지고 있다. 물론 학교에서 그 원인을 찾는 것이 아니다. 다만 현재 학교 환경이 건강하지 않다는 것이다. 그래서 《창가의 토토》 같은 책이 오랜 동안 사랑을 받고 있는 이유가 될 것이다.

미술관 전시관 옆에다 도모에 교실을 재현해두고 있었다. 《창가의 토토》의 토토짱은 책상 뚜껑을 열었다 닫았다 해서 담임선생님 신경

교실을 재현해놓은
전시장

을 엄청나게 건드렸는데 그냥 평범한 나무 책상이었다. 교실 책상 위에는 일어판 《창가의 토토》 그림책과 단행본이 놓여 있었다.

    7월 29일(토), 흐림

    학생 모두에게

    좋아하는 과목을 골라 자리에 앉으세요.

이번 시간은 국어입니다.
토토짱에게 편지를 씁시다~

  마치 도모에 학원에서처럼 칠판에 써놓았다. 작은 책상에 앉아 토토짱에게 편지가 쓰고 싶어지는 공간이었다.
  전시장을 나와 보랏빛 맥문동 꽃이 가득 피어 있는 꽃밭을 지나 도모에 학원을 재현해놓은 공간으로 갔다. 나가노까지 간 것이 이 공간 때문이었다. 치히로 작가의 작품이야 도쿄 미술관에서도 감상할 수 있으니 그 이유만으로 애써 먼 곳까지 가지는 않았을 것 같다. 《창가의 토토》에 대한 애정이 나도 모르게 깊어져 있었다.

재현해 놓은 도모에 학원으로 가는 길에 있던 맥문동 꽃밭

"오늘부터 너는 이 학교의 학생이다."

전날 상담 후 교장 선생님한테 이 말을 들은 토토는 학교에 가고 싶어 견딜 수가 없다. 전철이 교실이라니 생각만 해도 신이 났다. 커서 전철 표 파는 사람이 되고 싶었던 토토니까 전철 교실에 대한 기대가 얼마나 컸을지 짐작이 간다. 가장 먼저 학교에 간 토토는 전철 교실에 올라 기쁨을 참지 못해 노래를 부르기 시작한다.

"신난다 신나. 너무너무 신난다. 왜냐하면……."

한창 신이 났는데 누군가가 올라와 토토짱 노래는 멈춰졌다. 이제부터 신나는 토토의 도모에 학원이 시작되었다.
전철 교실과 강당 주변에는 《창가의 토토》에 나오는 이야기들이 표지판에 새겨져 있다.

"원래대로 해놓거라."

책 속에서도 이 장면이 무척 인상 깊었는데 그곳에서도 만날 수 있었다. 옛 전통 방식의 화장실에서 지갑을 떨어뜨린 토토가 바가지로 분뇨를 분주하게 퍼낼 때 교장선생님이 다가와 뭐 하는지 묻고는 그냥 가버린다. 토토는 땀이 범벅이 되도록 계속 퍼내고 있고, 사라졌던

토토짱이 지갑을 빠트려 분뇨를 퍼낸 화장실을 재현해놓은 모습

 선생님이 다시 와서 뒷짐 지고 확인하지만 토토는 지갑을 못 찾고 있었다. 몇 번을 그렇게 왔다갔다 한 교장 선생님은 "끝나고 나면 전부 원래대로 해놓거라." 하고 그냥 가버린다.
 분뇨가 산더미처럼 쌓이고, 화장실은 거의 바닥이 드러나도 지갑은 나오지 않았다. 끝내 지갑을 못 찾았지만 토토는 만족스러웠다. 왜냐하면 교장선생님이 자기의 행동을 보고 야단은커녕 신뢰해주고 인격적으로 대해주었기 때문이다. 위험하니까 못 하게 한다든가, 도와준다고 말하지 않고 그저 원래대로 해놓으라는 말만 했다. 토토의 엄마도 '너무 멋있는 교장선생님'이라고 생각했다. 토토는 약속한 대로 분뇨를 원래처럼 화장실에 넣었다.

아이들은 이러면서 성장한다. 스스로 해냈다는 생각에 자신을 뿌듯해하면서 자존감이 올라간다. 고바야시 소사쿠 교장선생님은 세케 초등학교 음악 교사였는데 이 학교 설립자의 교육 방침에 큰 영향을 받았다. '교육은 초등학교 때부터 시작해야 한다.'는 생각 아래 학생 수는 많아야 서른 명이어야 하고, 아이들의 개성을 존중하는 교육을 해야 한다고 내세우고, 실천했다. 1937년 전쟁 때 공습으로 학원이 소실된 뒤로 재건이 못 되었는데 이렇게 미술관에서 멋지게 탄생했다.

전철을 교실로 사용한 도모에 학원은 한 량을 도서실로 사용했다. 누구든지 원하는 시간에 그곳에 들어가 책을 읽을 수 있었다. 교장선생님은 어찌됐든 책을 많이 읽도록 했다. 지금은 마츠카와무라 도서관 분실로서 당시의 도서관을 재현하고 있다. 서가는 나가노 이케다 공업학교 학생들이 만들었다.

치히로미술관에서 《창가의 토토》를 만날 줄 누가 알았으랴! 책을 읽다 보면 분야는 다르지만 내가 좋아하는 화가가 소설가나 에세이스트들과 함께 작업하여 책을 낸 것을 종종 볼 수 있었다. 이 경우도 그러한 예다. 도쿄를 거쳐 나가노까지 갈 수 있게 한 힘은 내가 좋아하는 책과 그림책 작가가 함께했기 때문이다. 아이를 사랑해서 해맑은 아이들 그림을 평생 그렸고, 그 마음이 어른에게도 전해져서 평화가 가득한 세계가 되기를 꿈꾸었을 이와사키 치히로 마음을 이곳에

재현해놓은 도모에 학원의 기차 교실

서도 많이 느낄 수 있었다.

도쿄에 있는 미술관이야 또 가겠지만 이 미술관엔 언제 다시 갈지 알 수 없어 나오는 걸음이 떨어지지 않았다.

경쟁하지 않는 그림책들

● '작은 그림책미술관'에서 사토 와키코 작가를 만나다

    사토 와키코 책은 딱 하나 《도깨비를 빨아버린 우리 엄마》를 가지고 있었다. 이 작가 그림책은 주로 한림출판사에서 번역 출간하여 현재 10권 조금 넘게 나와 있다. 《도깨비를 빨아버린 우리 엄마》는 우리 아이들이 어렸을 때 즐겨 읽었던 책이다. 아주 유명한 그림책이고, 아이들도 어른도 좋아하는 책이다. 왜 이 작가의 다른 책들을 더 사지 않았는지 모르겠다. 그런데 신기한 것이 단 한권만 가지고 있고, 작가를 직접 본 적도 없는데 무척 친근하게 느껴진다는 점이다. 그 정도로 《도깨비를 빨아버린 우리 엄마》의 존재감이 큰 듯하다.

    작가가 나가노 산골에서 작은 그림책미술관을 운영하고 있다는 말을 들었다. '산골'과 '작은 미술관'이라는 말, 그리고 미술관을 직접 운영한다는 말에 솔깃했다. 그래서 인터넷을 검색해 '작은 그림책미술관' 페이스북을 찾아 팔로잉하면서 공감도 누르고 방문하겠다는

작은 그림책미술관

댓글을 달기도 했다. '작은 그림책미술관'은 '아즈미노 치히로미술관'의 다음 행선지로 정해놓았다. 정확하지는 않지만 치히로미술관에서 약 1시간 정도 걸렸던 것 같다. 페이스북으로 볼 때는 이 미술관도 산속에 있는 줄 알았는데 그렇지 않았다. 미술관 옆에 사과밭이 있었지만 그 도시에선 시내라 할 수 있는 곳이었다. 문 닫기 20여 분 전에 도착해서 마음이 급했다. 도쿄에서 출발한 것이 아침 7시 40분. 치히로미술관만 들른 것인데 시간이 그리 되어 있었다. 주위에 숙박할 만한 곳이 눈에 띄지 않아서 이날 관람을 꼭 해야 했다. 폐관 시간 전에 온 것만도 다행이었다.

이름처럼 정말 작고 정겨운 미술관이었다. 일본엔 그림책미술관이 아니어도 작은 미술관이 많다. 입구를 들어가면서 생각한 것은 오로지 작가를 만날 수 있을까 하는 기대뿐이었다. 일본에 갈 때 이 미술관 방문을 계획했기 때문에 사토 와키코의 대표작이자 내가 가지고 있는 단 한 권인《도깨비를 빨아버린 우리 엄마》를 잘 챙겨갔다. 그런데 도쿄에서 출발하고 났을 때 놓고 나온 것을 알았다. 우리 아이들이 낙서까지 하면서 본 책에 사인을 받아오면 더 많은 의미가 있겠다 싶었기에 얼마나 아쉬웠는지 모른다. 오로지 작가를 만나야겠다는 생각만 가득했던가.

가슴이 두근거리면서도 혹여 계시지 않으면 어쩌나 하는 작은 불안감과 함께 문을 들어섰다. 맙소사! 작가 모습이 보였다. 안쪽에서 작업 중이신 듯했다. 매표소에는 젊고 친절한 직원이 있었다. 우리가 매표소 앞으로 막 들어서섰을 때 작가는 안으로 들어갔다. 기회를 놓치면 안 되겠다는 생각이 들었다. 표를 끊으면서 한국에서 왔으며 작가를 뵙고 싶다고 했더니 우리 쪽으로 나오셨다. 여든이 님은 연세에도 안쪽에서 그림책 작업을 하고 있었다니 놀라웠다. 나중에 들었지만 연세가 있어서 미술관에 안 나오는 날이 많아 못 뵈는 경우가 많다고 한다. 그 당시엔 내가 운이 좋았다는 것을 잘 몰랐다. 그것도 문 닫기 직전에 가서 말이다. 한국인들이 나처럼 치히로미술관을 들르면 이곳도 함께 들르는 것 같은데 마치 한국인을 처음 맞는 것처럼 겸손한 모습으로 대하셨다. 유명 작가님이 말이다. 여행하면서 겪는 이런 경험에서 많은 걸 배운다.

《도깨비를 빨아버린 우리 엄마》를 가져오지 못한 아쉬움에 대해 말씀드리면서, 미술관에 있는 일본어판 책을 들게 해놓고 사진까지 찍었으니 참 용감한 방문자였다. 그래도 어쩌겠는가. 언제 다시 뵐지 알 수 없는데 할 수 있는 건 다 하고 와야 하지 않겠는가. 작가님은 한림출판사 초청으로 9월 초에 순천의 한 도서관에 가신다 했다. 나는 너무 멀어서 갈 수 없어 아쉽다고 했다. 생각해보면 한국에서 도쿄에 가는 정도도 아니고 도쿄에서 나가노에 가는 것하고 거리가 크게 다르지 않은데 왜 순천이 멀게 느껴졌던 것일까. 훗날 다녀가신 뒤에 기사 보는 것으로 아쉬움을 대신했다.

1층 전시관에는 주로 그림책들이 진열되어 있었다. 2층 전시관에 가서 원화전까지 보고 내려와 책들을 골라서 입구 쪽으로 나왔다. 사인을 부탁드리기 위해서였다. 총 세 권이었는데 각각 주인공 얼굴을 그리고 한글로 내 이름을 써주었다. 그런데 '김'을 '짐'으로 잘못 써서 한바탕 웃었다. 한글로 쓰는 것이 어렵다고 했다.

사토 와키코 글들은 참으로 유쾌하고 발랄하다. 조용하고 내향적으로 보이는 모습과는 상당히 대조적이다. 이날 그곳에서 산 '분주한 밤' 또는 '바쁜 저녁' 정도로 해석할 수 있는 책이 너무 재미있다. 줄거리를 소개하면 다음과 같다.

별이 아름다운 밤하늘을 바라보던 할머니는 안에 있는 것이 아까워 흔들의자를 뜰로 들고 나와 밤하늘을 감상한다. 그러다가 뜰에서 자기로 하고 침대를 가지고 나온다. 그런데 차가 생각나 차와 도구들을 가지고 나오고, 테이블을 들고 나온다. 그러자니 레인지

사토 와키코 작가와 작가가 사인하는 모습

가 필요하고, 냉장고가 필요하고, 의자, 시계, 인형, 빨래판 등등이 필요하여 물건들을 계속 들고 나온다. 결국 집 안에 있던 물건들이 몽땅 나오게 된다. 저러다가 비라도 오면 어떡하려나 하는 순간 할머니도 같은 생각이 들었는지 텐트를 가지고 나와 그 위에 치고 안심하면서 잔다.

　우리는 보통 불가능하다고 생각하여 즐거움을 포기하는 경우가 많다. 그런데 과감하게 행동으로 옮기는 책 속 주인공 할머니를 보니 대리 만족도 되고 용기도 생겼다. 어떻게 하면 그림책 작가가 될 수 있느냐는 질문에 작가는 재미있다고 여기는 것을 멈추지 말라고 답했다. 그것이 상상력의 근원이 되기 때문에 즐겁고 신기한 일, 하고 싶은 것을 마음껏 하면 무엇이든 잘할 수 있는 어린이가 된다는 것이다. 위에 소개한 책과 더불어 호호 할머니 시리즈를 보면 이 말에 무척 공감이 될 것이다. 하고 싶은 것은 하고 마는 할머니!

그날 뵌 것으로만 보면 너무 조용한 성품이었기 때문에 어떻게 《도깨비를 빨아버린 우리 엄마》 같은 책을 쓰셨을까 하는 의문이 생겼다. 세탁기가 다 하는 것인데도 빨래하는 것도, 마른 빨래 개는 것도 귀찮게 여겨지는 나로선 그토록 신나고 즐겁게 빨래를 하는 '엄마'가 대단해 보인다. 도깨비 앞에서도 절대 밀리지 않고 도깨비를 거침없이 빨래통에 집어넣는 '엄마' 모습은 혹여 사토 와키코가 자신과 반대되는 캐릭터를 그리면서 대리만족을 느낀 건 아닐까 하는 생각이 들 정도였다.

그런데 이와 달리 사토 와키코는 어렸을 때 개구쟁이였다고 한다. 작가의 몸이 약하여 부모님이 시골로 이사를 갔는데 풍요로운 자연 속에서 자라 건강도 되찾고 상상력도 많이 얻었다고 한다. 특히 기자였던 아버지는 미야자와 겐지 소설을 좋아한 문학도였으며 사토 와키코를 유난히 예뻐했다. 쉬는 날이면 숲속으로 산책을 나가 식물들 이름을 가르쳐주곤 했다. 열 살 무렵 아버지를 여의었지만 함께한 시간이 작가에게 많은 영향을 주었고 작가로서의 바탕이 되었다. 아버지가 일찍 떠나서 강하게 살 수 밖에 없었던 어머니가 바로 《도깨비를 빨아버린 우리 엄마》의 모델이라고 한다.

'작은 그림책미술관'에서 반갑게 맞아주신 작가와 직원 덕분에 마음이 달처럼 풍만해져서 나왔다. 가기 전까지만 해도 사토 와키코 작가의 책은 단 한 권만 가지고 있었지만 지금은 최근에 산《화가 난 수박 씨앗》까지 합하여 5권이 됐다. 이제는 믿고 사는 작가가 되었다.

미술관 입구에 '競不心'이라는 문구가 걸려 있었다. '경쟁하지 않는 마음', 작가의 분위기와 닮은 글자이다. 하지만 사토 와키코 작가의 책은 경쟁하지 않아도 경쟁력 있는 책이다.

새로움을 향해 나아가다

● 일본 최초로 동화(童畵)라는 말을 쓴 다케이 다케오, '이루후동화관'

　일본에 가기 전에는 아즈미노의 '치히로미술관'과 '작은 그림책미술관'만을 일정으로 잡았다. 그런데 나가노로 출발하기 직전에 '이루후동화관'에 대한 정보를 얻었다. 지도를 보니 작은 그림책미술관을 들렀다가 가면 될 것 같았다.

　그런데 시간이 늦어서 스와 시에서 하룻밤 자고 애니메이션 〈너의 이름은〉의 배경이었던 스와 호수에서 가벼운 아침 산책을 한 뒤 이루후 동화관으로 이동했다. 계획했던 곳이 아니었으니 선행 공부가 되어 있지 않아 이루후동화관이 어떤 곳인지 알지 못했다.

　내비게이션에 찍고 갔는데 동화관이 있을 것 같지 않은 동네로 안내했다. 낮은 집들이 바짝바짝 붙어 있는 오래된 소도시였다. 보통 수준의 사람들이 사는 마을로 보였으며 조용하고 평온했다.

　이루후 동화관은 나가노현 중부에 있는 오카야 시에 있다. 오카야

이루후동화관

시 역시 스와호(諏訪湖)에 인접해 있으며 정밀기계공업이 발달한 공업도시이다. 일본 된장(미소) 공장이 많으며 일본에서 미소 생산량이 가장 많은 곳이라 한다. 내비게이션이 멈춘 곳에 주차장이 있어서 일단 차를 세웠지만 동화관이 안 보였다. 주차장을 나와 주위를 둘러보는 중에 동화관임을 알려주는 그림들이 눈에 들어왔다. 그리고 건물에도 '이루후동화관'이라 씌어 있었다. 그 글자 아래에는 '다케이 다케오의 세계'라고 씌어 있었다.

이루후동화관은 오카야 시에서 운영하고 있으며 이곳에서 태어난 동화작가 다케이 다케오의 기념관이다. '이루후'는 다케이 다케오가 만든 말로서 일본어 '후루이'를 거꾸로 한 말이라고 한다. 이 말은 '낡은, 오래된'의 뜻이다. 그런데 이것을 뒤집으면 오래된 것이 새롭다는 의미란다. 이것만 보아도 다케이 다케오가 얼마나 위트 있고 상상력이 풍부한 인물인지 알 수 있다.

매표소 바로 앞에 대형 배너가 있었다. 다케이 다케오가 머리에 관을 쓰고 있는 사진이었다. 배너에는 다케이 다케오의 사진과 함께 '123세 축하합니다.'라는 글귀가 씌어 있었다. 설마 지금도 생존해 계신가 하고 물었더니 만약 살아 있으시다면 그 나이라고 했다.

나는 이곳을 다녀오고 나서야 다케이 다케오라는 인물에 대해서 조금 알 수 있었다. 다케이 다케오는 일본에서 최초로 '동화'라는 말을 쓴 사람이다. 이루후동화관이란 한자를 보면 '화'는 이야기를 뜻하는 '話'가 아닌 그림을 뜻하는 '畵(우리나라에서는 사용하지 않는 약자로 쓰고 있음)'이다. 몇 번이나 읽은 《그림책의 힘》에 언급되어 있었는데 짧게 언급되어 있어서 그랬는지, 아니면 내 관심을 끌지 못했는지 그 사실을 모르고 있었다.

"당시는 동화(童話)의 초창기였습니다. 동화(童畵)라는 말을 맨 처음 쓴 사람은 다케이 다케오 씨였어요. 그게 아마 1929년이었던가? 긴자의 지세이도 화랑에서 다케이 다케오 씨가 다케이 다케오 동화전(童畵展)을 열었죠. 동요와 동화(童話)가 있으니까 동화(童畵)도 있을 수 있지 않겠냐는 것이 다케이 다케오 씨의 생각이었어요. 그 말이 지금까지 쓰이고 있는 셈이죠."

많은 화가나 일러스트레이터들이 그러하듯 다케오도 어릴 때부터 그림을 좋아했다. 그는 동경예술대학에서 아크릴화를 공부했다. 1921년 당시 일본에서는 어린이 문학잡지를 중심으로 어린이들에게 좋은 그림을 보여주자는 운동이 일어났다. 잡지에 삽화를 그리는 아르바이트를 하던 다케이 다케오는 아이들에게 제대로 된 그림을 보여주어야 한다는 신념이 있었다. 그래서 유화를 포기하고 정성을 다해 어린이 그림을 그렸다.

어린이가 좋아하는 그림책을 만드는 것이 그의 평생 목표였다. 그는 당시 인식이 낮은 그림책과 그림책 작가의 위상을 높인 인물이기도 하다. 그의 책을 읽고 자란 어린이들이 작가가 되려는 꿈을 꾸기도 했다 하니 얼마나 영향력 있는 인물인지 알 수 있겠다.

직원이 3층부터 보라 했는데, 거기에 다케오 작품 전시실이 있었다. 이케가야 이사오가 쓴 《일본 고서점 그리피디》를 참고하면, 다케오는 1920년대부터 89세로 사망하기까지 폭넓은 활동을 한 동화 화가여서, 지금도 뿌리 깊은 애호가가 있다고 한다.

그의 대표작이라고 할 수 있는 간본작품은 1935년부터 1983년까지 만들었다. 139권인 이 책은 목판이나 공판, 오프셋, 그중에는 나무쪽 세공이나 스트로 유젠조메(비단 등에 화려한 채색으로 인물, 꽃, 새, 산수 따위 무늬를 선명하게 염색하는 일)까지, 여러 가지 공예와 기술을 사용하여 표현양식을 바꾸어 만들었는데 도서 제작 미술의 걸작이라고 한다. 간본책의 그림과 글, 디자인은 그가 직접 했고, 나머지는 전문적인

(시계 방향으로) 다케이 다케오의 대형 사진과 그의 책자, 전시장 벽

예술가들이 만들었다. 예술성이 뛰어나고 귀한 이 책은 300부 한정으로 만들었으며 등록회원만 실비로 살 수 있었다고 한다.

그의 작품에서 상상력이 돋보였는데, 이케가야 이사오는 "다케오의 작풍은 사소한 일에 크게 신경을 쓰지 않으며, 독특한 데포르메는 지금까지도 계속해서 보는 사람을 매료시키고 있다."고 했다. 데포르메는 만화에서 캐릭터, 스토리, 연출을 의식적으로 확대하거나 부풀리는 표현을 말하는 것이다. 그의 그림은 목이 길거나, 얼굴이 동그랗고 크거나, 손이 유난히 크게 그려져 있었다. 그래서 그림이 지루하지 않고 재미가 있었다.

　이루후 동화관 방문은 다케이 다케오가 일본 그림책 역사에서 대단한 위치를 차지하고 있는 인물이라는 것을 알 수 있게 했다. 이런 걸쭉한 작가가 한 명씩 태어날 때마다 그림책 분야가 많이 성장할 것이다. 일본이 그림책 강국이 된 것도 이런 작가들이 있었기 때문일 것이다.

나오며

그 어느 때보다 최근에 그림책을 더 많이 샀다. 후반 인생에서 같이 할 길동무라서 그런 것만은 아니다. 내가 좋아하는 작가의 책이라서, 누가 소개한 책이라서, 제목이 좋아서, 그림이 좋아서 등등 이유가 많다.

그렇다고 다른 책보다 그림책을 더 끼고 사는 것은 아니다. 밀린 책들을 다 읽어내지 못하고 있기 때문에 일단 사놓고 본다. 좋은 책을 놓쳐버릴까 싶어서이다. 지금도 여전히 책방에 가면 그림책 코너에 가서 구경하다가 슬며시 사들고 온다.

이번에 쓴 책에는 그림책이 스물두 권 들어가 있다. 물론 모두 내가 좋아하는 책들이다. 하지만 여기에 실은 책들이 실리지 못한 책보다 더 좋다는 말은 아니다.

현재 가장 많이 가지고 있는 그림책은 백희나와 사노 요코의 책이다. 그런데 백희나 작가의 책은 단 한 권도 싣지 못했고, 사노 요코 책은 두 권만 실었다. 이 두 작가의 책은 다음에 자세하게 따로 쓰고 싶다.

그렇다면 이번에 실은 책들에는 어떤 기준이 있었을까? 바로 '연결'이다. 어떤 이야기와 강하게 이어지는 그림책들을 골라 실었다. 내 관심사와, 가치관과 인생관들을 이어주는 것들과 우연히 만나 탄생한 이야기들이다.

위에서 말한 작가의 책들을 비롯하여 후보에 두고 있는 그림책들이 어느 지점에서 그러한 끈을 만나 새 이야기로 태어나기를 바라면서 그 아쉬움을 달랜다.

도움받은 책

- 《나는 이런 책을 읽어왔다》, 다치바나 다카시, 청어람 미디어, 2002, p.132.
- 《일본 남자여도 괜찮아》, 양은심, 라온북, 2015, p.90.
- 《그러니 그대 사라지지 말아라》, 박노해, 느린걸음, 2010, p.441.
- 《정원 일의 즐거움》, 헤르만 헤세, 이레, 2001. p.212.
- 《출판저널》, 통권 502호, 출판저널편집부, 출판저널문화미디어, 2018, p.17.
- 《그림책에 마음을 묻다》, 최혜진, 북라이프, 2017. p.136
- 《세바스치앙 살가두, 나의 땅에서 온 지구로》 세바스치앙 살가두, 이자벨 프랑크, 솔빛길, 2014, p.63.
- 《아무튼 서재》, 김윤관, 제철소, 2017, p.15.
- 《바느질하는 여자》, 김숨, 문학과지성사, 2015, p.340, 409.
- 《오늘의 예술》, 오카모토 타로, 눌와, 2005, p.116.
- 《나의 조선미술 순례》, 서경식, 반비, 2014, p.140.
- 《모친상실》, 에노코토 히로아키, 청미, 2017, p.100.
- 《토지1부 4권》, 박경리, 마로니에북스, 2012, p.400, 403.
- 《창가의 토토》, 구로야나기 테즈코, 프로메테우스, 2013, p.31, 64.
- 《그림책의 힘》, 가와이 하야오, 마츠이 다다시, 야나기다 구니오, 마고북스, 2003, p.60.
- 《일본 고서점 그라피티》, 이케가야 이사오, 신한미디어, 1999, p.73.
- 《그리움이 나를 밀고 간다》, 헤르만 헤세, 문예춘추사, 2013, p.56.
- 《정원 일의 즐거움》, 헤르만 헤세, 이레, 2001, p.51.
- 《모지스 할머니, 평범한 삶의 행복을 그리다》, 이소영, 홍익출판사, 2016, p.31, 138.
- 《약해지지 마》, 시바타 도요, 채숙향 옮김, 지식여행, 2010, p.18, 36.